LES GRANDES CRISES
DANS L'HISTOIRE

Les grandes crises dans l'histoire

Comment on en est sorti

Dossier coordonné par Fabrice d'Almeida et Laurent Neumann

Pluriel Marianne

Ouvrage publié dans la collection Pluriel
sous la responsabilité de Fabrice d'Almeida.

Articles parus dans le numéro spécial de *Marianne* du 22 décembre 2012 sous le titre *Les grandes crises dans l'histoire. Comment on en est sorti ou pas.* L'éditeur remercie *Marianne* de son aimable autorisation.

Illustration : © fotolia/ madgooch
Couverture : Rémi Pépin

ISBN : 978-2-818-50365-2
Dépôt légal : octobre 2013
Librairie Arthème Fayard/Pluriel, 2013.

Sommaire

III. Les crises morales

IV. Les crises religieuses

V. Les crises sanitaires

Conclusion

Avant-propos

La France traverse une crise existentielle, dont les contours sont à la fois économiques, politiques, spirituels et moraux. Le diagnostic n'est pas difficile à établir quand la hausse du chômage progresse à un rythme effrayant, que la croissance est en berne, que les sans-logis tentent de survivre malgré le froid, et que jamais les associations humanitaires n'ont eu à délivrer autant de repas pour soulager la pauvreté. Cela sans compter l'effondrement de l'esprit civique dont témoignent la fuite des riches hors de France, le penchant à la fraude de quelques-uns ou encore le décomposition des valeurs de droite entre l'abandon du gaullisme et la lepénisation des mots d'ordre de l'UMP. Et pourtant, rien ne bouge, tout juste un frisson secoue-t-il le pays à l'annonce d'une loi sur le mariage homosexuel. Le gouvernement comme les élites peinent à forger des solutions innovantes, préférant le panurgisme électoraliste aux idées neuves. Ce n'est pas la première fois qu'une crise de grande ampleur frappe l'humanité. Pas la première fois non plus qu'un pays comme la France en subit les effets délétères. Déjà dans la préhistoire, les premiers hommes ont dû répondre à des défis aussi rudes que des changements climatiques, un environnement modifié et des déséquilibres au sein même des sociétés. La guerre semblait la solution miracle, suivant une culture de la prédation dont les terribles feux ont encore été allumés après la crise de 1929, quand les régimes totalitaires se déchaînèrent. Le fascisme expérimenta l'autarcie et les conquêtes coloniales. Le nazisme a préféré une stratégie génocidaire, tandis que les communistes soviétiques organisaient la famine à grande échelle (lire p. 108).

Tuer pour piller, tel fut le mot d'ordre. Guerre déjà au Ier millénaire entre les Trois Royaumes chinois pour restaurer l'empire de Chine. Guerre aussi pour sortir de la colonisation, dont le conflit algérien fut le prototype. Même la grippe espagnole n'a pas été comprise, tant l'Europe se donnait de la peine à s'étriper, en 1918 ! La violence traverse les grandes sorties de crise dans l'histoire. Dictature des Trente à Athènes en 404 avant notre ère et liquidation des adversaires politiques, violence et expulsion de ceux qui, à La Mecque, refusaient le nouvel ordre ou s'opposaient à l'expansion de la religion par le jihad. Le Moyen-Orient et les régimes arabes modernes restent encore marqués par les guerres, la répression et la brutalité, sans pour autant résoudre leur crise structurelle. Violence faite aux juifs aussi durant la

Peste noire de 1347-1348, quand l'Occident perdit près de la moitié de sa population. Ici, pas de recherche d'une solution pour tous, mais émergence d'un défoulement collectif au détriment d'une minorité. Recherche d'un exutoire en lâchant la hargne des chevaliers sur la Terre sainte.

Est-ce à dire que souvent le remède est pire que le mal ? Non évidemment, car des solutions pacifiques ont été trouvées à des problèmes cruciaux. Elles manifestent l'inventivité humaine devant les parasites tels le phylloxéra qui détruit les vignes ou le mildiou qui s'attaque à la pomme de terre avant que l'on ne découvre que le cuivre peut l'arrêter. Les Irlandais fuiront ce fléau. Face à la crise du pétrole, les États occidentaux ont tout tenté, des énergies de substitution aux restrictions de consommation d'énergie. Pas de pétrole, mais des idées, disait-on à l'époque. L'une d'elles consiste à dépasser les blocages grâce à des solutions négociées, que ce soit face à l'apartheid en Afrique du Sud ou pour mettre à profit les divisions adverses, pendant la guerre de Cent Ans ou, plus étonnant, pendant les guerres de Religion. Car, pour sortir de cette brutalité, les chefs communautaires ont choisi tantôt la séparation et le cloisonnement confessionnels, tantôt d'expérimenter une vie ensemble sur la base de compromis juridiques, la loi garantissant et protégeant l'existence de chacun. Mais les plus grandes avancées, quand les sociétés ou les civilisations ont vacillé, ont souvent combiné une réforme morale et des solutions pratiques, à l'instar du règlement des dettes publiques sous la Révolution, du métissage sud-américain ou, plus récemment, de la refondation du communisme chinois par Deng Xiaoping.

Voici donc la boîte à idées des auteurs prestigieux qui ont accepté le défi lancé par *Marianne*. Sa fonction est moins de nous éclairer sur l'avenir par le passé que de réveiller notre inventivité, de stimuler notre créativité, d'innerver notre énergie, auraient dit les écrivains du siècle passé. Ce laboratoire intellectuel est à la disposition de tous. À vous, chers lecteurs, de faire circuler la réflexion et d'agiter les imaginations. Le mouvement des esprits est le premier pas pour lutter contre la paralysie ambiante !

I

LES CRISES ÉCONOMIQUES

La déflagration

1929

La grande déflation des années 1930 demeure la plus grave crise du capitalisme. Elle a mis au chômage plus de 22 millions de personnes dans les pays développés et créé une misère de masse. Elle a contribué à la montée des partis extrémistes dans les démocraties et à l'arrivée au pouvoir du nazisme en Allemagne. Elle a joué un rôle majeur dans la marche vers la Seconde Guerre mondiale.

Contrairement à la longue stagnation de la fin du XIXe siècle qui fut dénouée par la formalisation du rapport salarial, par les innovations de la seconde révolution industrielle et par le décollage des pays neufs, contrairement aux chocs pétroliers des années 1970 qui virent le blocage de la régulation keynésienne accoucher de la mondialisation, la crise des années 1930 n'a pas trouvé d'issue économique. Ce n'est qu'à partir de 1945, après la défaite de l'Allemagne nazie et du Japon impérialiste, que furent mis en place le pilotage keynésien de l'économie, les États-providence et les institutions de Bretton Woods qui fournirent un cadre stable au mode de production fordiste indissociable de la fabrication et de la consommation de masse. La crise non résolue des années 1930 a tragiquement validé le jugement de John Maynard Keynes[1], qui affirmait que le système économique peut, notamment lors d'épisodes déflationnistes, se trouver enfermé dans une situation de sous-activité et de chômage permanents. Seule l'activation par l'État de la politique économique est alors susceptible de déclencher la reprise, ce qui échoua dans l'entre-deux-guerres.

La tragédie des années 1930 s'est déroulée en cinq actes qui constituèrent autant d'occasions perdues pour casser la spirale de la déflation.

Au point de départ de la grande déflation se trouve le krach de Wall Street qui débuta avec le jeudi noir du 24 octobre 1929. Il fut provoqué par l'explosion de la bulle boursière constituée grâce au laxisme de la politique monétaire et qui, du fait de l'expansion incontrôlée du crédit, s'était étendue aux rachats d'entreprises.

Comme l'a montré Milton Friedman[2], la première erreur, décisive, revint à la Fed, la banque fédérale

---

1. *Théorie générale de l'emploi, de l'intérêt et de la monnaie*, de John Maynard Keynes, Cambridge, 1936.

2. *Une histoire monétaire des États-Unis, 1867-1960*, Milton Friedman et Anna Schwartz, Princeton, 1963.

américaine qui manquait d'expérience, sa création remontant à 1913. Souhaitant corriger la création monétaire exubérante des années 1920, la Fed décida un brutal relèvement de ses taux directeurs. Dans le même temps, l'administration Hoover engagea une politique de restauration de l'équilibre budgétaire par des coupes dans les dépenses publiques. Ces mesures transformèrent le choc déflationniste en dépression, provoquant la faillite de quelque 5 000 banques, l'effondrement de la production industrielle de 47 % entre 1929 et 1932, la chute des prix et du revenu agricole de 52 % au cours de la même période, enfin l'explosion du chômage, qui toucha 25 % de la population active en 1932.

L'internationalisation de la crise commença dès 1930, avec le vote aux États-Unis de la loi Smoot-Hawley qui lança la dynamique protectionniste en augmentant de 38 à 52 % les droits de douane sur la quasi-totalité des produits industriels, provoquant des représailles immédiates de l'Italie, de la France, de l'Australie, de la Nouvelle-Zélande et même du Royaume-Uni. Dans le même temps, l'arrêt par les banques américaines de leurs crédits à l'Europe et le rapatriement de leurs avoirs précipita l'internationalisation de la récession, avec pour symbole la faillite du Kredit Anstalt en 1931.

À l'image des États-Unis, la plupart des gouvernements européens réagirent par des mesures déflationnistes et protectionnistes qui amplifièrent la déflation, accélérant la spirale baissière de l'activité et des prix, des revenus et de l'emploi. Ce fut le cas notamment en France – ou elles culminèrent avec la stratégie du bloc-or et le gouvernement Laval – et en Allemagne. C'est la déflation conduite par le chancelier Brüning, qui mit au chômage 40 % de la population active en cherchant à rétablir le niveau des prix de 1927, et non pas l'hyperinflation qui favorisa l'accession au pouvoir d'Hitler. Le Royaume-Uni fit exception, qui, laminé par la décision de Winston Churchill en 1925 de rétablir la parité or de 1914 de la livre sterling qui se trouva surévaluée de 15 %, fut contraint à une dévaluation précoce en septembre 1931. Salutaire pour l'économie britannique, la dévaluation de la livre contribua à l'entrée en crise de l'Europe continentale, et notamment de la France. La Suède, de même, recourut de manière précoce et efficace à la dévaluation mais aussi à l'intervention publique, finançant par la dette publique la création d'emplois dans les administrations, le soutien des prix agricoles, l'instauration d'un système de retraite et d'indemnisation du chômage.

En 1933, la conférence de Londres constitua une nouvelle occasion perdue en actant le refus de toute stratégie coopérative entre les grandes puissances. La responsabilité du fiasco fut partagée entre la France, figée dans sa défense intransigeante de l'étalon-or, et la volonté de Roosevelt, au lendemain de son élection, de conserver les mains libres pour la conduite du New Deal, ce qui le poussa à claquer la porte, non sans avoir fustigé « les vieux fétiches des banquiers dits internationaux ». Les conséquences de cet échec furent catastrophiques.

Au plan politique, les séquelles furent durables, la division des démocraties ouvrant un large espace dans lequel s'engouffrèrent les totalitarismes. Au plan économique, la dévaluation du dollar en avril 1933 entraîna une cascade de dévaluations compétitives et de mesures protectionnistes. La désintégration des échanges et des paiements mondiaux se traduisit par une chute des trois quarts du commerce international et par la constitution de blocs monétaires et économiques. Le Royaume-Uni avait créé, dès 1931, le bloc-sterling en même temps que le Commonwealth, au sein duquel la conférence d'Ottawa instaura un système de préférence impériale. La dévaluation du dollar déboucha en 1933 sur la constitution d'une zone monétaire des Amériques autour des États-Unis. Les régimes totalitaires (URSS stalinienne, Allemagne nazie, Italie mussolinienne, Japon militariste) allièrent autarcie, contrôle rigoureux de l'économie, expansion territoriale, prise de contrôle des matières premières et conquête de marchés.

Pour sa part, la France adopta en 1933 une stratégie opposée a celle des autres grands pays développés en constituant un bloc-or autour du franc, avec l'appui de l'Italie, des Pays-Bas, de la Belgique, de la Pologne et de la Suisse. La surévaluation de ces devises au moment où les dévaluations compétitives se multipliaient fut désastreuse, coupant les pays du bloc-or des timides reprises de 1933 et 1935. Elle rendit inéluctable l'éclatement de cette tentative d'union monétaire, avec la dévaluation de la lire italienne en 1934, du franc belge en 1935 puis du franc français en 1936. Au total, les performances économiques des pays membres du bloc-or furent les plus médiocres au cours de la décennie, montrant un retard de 28 % en termes de produit national et de 55 % en termes de production industrielle par rapport aux nations ayant fait le choix d'une dévaluation précoce.

La stratégie de reflation demeure symbolisée par le New Deal, engagé en mars 1933 avec l'entrée en fonctions de Franklin Roosevelt. Rompant spectaculairement avec l'orthodoxie, le New Deal comportait cinq volets : l'embauche de chômeurs pour les programmes de grands travaux (Tennessee Valley Authority) et la gestion administrée des postes de travail à travers le Public Works Administration et le Works Progress Administration ; l'organisation de l'industrie *via* la légalisation des ententes et l'implication des syndicats prévue par le National Recovery Act ; le contrôle des prix et de la production agricole ; la création d'un système public de pension de retraite et d'indemnisation du chômage au travers du

Social Security Act de 1935 ; enfin la dévaluation du dollar couplée à la baisse des taux d'intérêt, à la suspension des paiements en or et à l'interdiction de la thésaurisation.

Le bilan économique du New Deal reste très mitigé. Le PIB américain demeurait inférieur de 5 % en 1936 à son niveau de 1929, avec un taux de chômage de 17 %. Par ailleurs, une sévère rechute intervint en 1937, marquée par un recul de 27 % de la production industrielle et par une remontée du chômage au-delà de 20 % de la population active. Elle fut provoquée par le revirement de Roosevelt qui, après sa réélection, décida de normaliser sa politique économique en engageant la réduction des déficits publics, ce qui provoqua une nouvelle récession. L'héritage du New Deal fut en revanche décisif sur le plan politique et intellectuel. Roosevelt parvint à renouer les fils rompus de la nation américaine, à restaurer la confiance dans ses institutions et à juguler les tentations extrémistes. Surtout, la crise des années 1930 et le New Deal ont changé la vision du système et de la politique économiques. Le principe du retour automatique à l'équilibre en toutes circonstances fut invalidé, montrant la nécessité de l'intervention publique pour échapper à la spirale de la déflation.

Au total, la reflation ne fut vraiment réalisée que par les programmes de réarmement qui accompagnèrent la marche vers la guerre. Ils furent engagés dès la première moitié des années 1930 par l'Allemagne nazie et l'Italie mussolinienne, qui mirent en place les structures d'une économie de guerre sous l'autorité de l'État. Les démocraties, prenant conscience tardivement – à l'image de la France – des menaces vitales que faisaient peser sur elles les totalitarismes, se lancèrent à leur tour à partir de 1937-1938 dans des programmes d'armement. L'échec d'une sortie économique de la déflation aboutissait ainsi à la guerre.

L'incapacité à surmonter la grande déflation des années 1930 n'avait rien d'inéluctable. Plusieurs enseignements majeurs en émergent pour la compréhension et la gestion des chocs qui déstabilisent le capitalisme universel du XXIe siècle. La nature de la crise répond à la théorie de la déflation par la dette élaborée par Irving Fisher en 1933[1]. Elle naît du dégonflement d'une bulle spéculative, au moment où les coûts de financement excèdent la rentabilité réelle des actifs, largement surestimés. Le boom se transforme alors en panique : les banques sont confrontées à la hausse des sinistres, à la chute de leurs marges et de leurs fonds propres et aux demandes de retrait, ce qui conduit à un effondrement du crédit ; la masse monétaire fond, entraînant une chute de l'activité ; les entreprises coupent dans leurs effectifs et leurs investissements, sur fond de

1. *La Théorie des grandes dépressions par la dette et la déflation*, d'Irving Fisher, New York, 1933.

multiplication des faillites ; les ménages diminuent leurs dépenses et se désendettent, en même temps que leurs revenus et leurs patrimoines diminuent.

Dans ces circonstances, la politique économique doit poursuivre trois priorités. La première, conformément aux préconisations d'Irving Fisher, consiste à baisser drastiquement les taux d'intérêt ainsi qu'à recapitaliser et restructurer les banques. La deuxième découle des réflexions de Keynes qui montre que, face à un équilibre de sous-emploi, l'État demeure le seul acteur capable de relancer l'économie par une politique budgétaire de soutien à la consommation et à l'investissement. Enfin, il est vital de prévenir le protectionnisme et l'enchaînement des dévaluations compétitives qui alimentent la récession en détruisant le circuit des échanges et des paiements mondiaux.

La grande déflation a par ailleurs mis en évidence par défaut les principes d'action qui doivent être respectés. Agir vite, car la dynamique de la déflation est très difficile à arrêter une fois lancée. Engager des moyens massifs, car les mesures partielles et progressives échouent à ramener la confiance, voire nourrissent la panique par leur inefficacité. Mobiliser simultanément tous les leviers d'action. Enfin, privilégier les stratégies coopératives, tant le protectionnisme approfondit la dépression, nourrit les pulsions nationalistes et exacerbe les tensions internationales.

La fin des assignats

1796

La Révolution française a-t-elle été la conséquence et la solution de la « crise de l'Ancien Régime » ? C'est bien une conjonction de crises immédiates et anciennes qui a engagé la monarchie de Louis XVI dans la voie parlementaire en 1789, avant de la faire disparaître corps et biens en 1792. Dès 1770, la guerre de Sept Ans avait creusé le déficit du budget royal et rendu les recettes insuffisantes pour payer le service de la dette. La rigueur royale ponctionne les revenus et les fortunes, mais les emprunts rapportent de moins en moins et le coût de la guerre en Amérique plombe définitivement les comptes. Les incohérences des politiques ministérielles s'ajoutent au discrédit du roi et de la reine dans l'opinion, permettant aux opposants conservateurs ou progressistes d'imposer leur contrôle sur le pouvoir central et la réunion des états généraux.

La crise devient politique, lançant la machine révolutionnaire. Celle-ci est accélérée par la série de mauvaises ou, au contraire, de trop bonnes récoltes qui ruinent les paysans, affectés aussi par la tempête formidable du 13 juillet 1788, tandis que les manufactures ne se remettent pas de la concurrence anglaise, qui met les ouvriers au chômage. Tout le monde est touché, sauf les négociants en grains, qui naviguent sur la hausse des prix, ou les seigneurs et les curés, qui récupèrent une partie des productions. La hausse vertigineuse du prix du pain en 1789, qui culmine en juillet, n'est pas qu'une coïncidence. Tout le système économique est bloqué ; seule une solution politique radicale est envisageable.

La Révolution donne l'impression de tout résoudre d'un coup. Les impôts deviennent des contributions pesant égalitairement sur tous, les taxes « féodales » disparaissent et les députés garantissent les dettes de l'État. Pourtant, rien n'est résolu, car l'argent ne rentre pas dans les caisses. Les dons patriotiques à la nation ne suffisent pas à combler la dette. La sortie de crise passe par la nationalisation des biens de l'Église et leur mise en vente. Leur masse garantit l'émission d'assignats portant intérêt, pour être donnés aux créanciers de l'État. La mesure n'est pas révolutionnaire en soi, des souverains voisins ayant eu recours à ce genre de pratiques. Elle accentue pourtant les tensions entre partisans et opposants du régime qui s'invente, créant une crise religieuse inexpiable.

Dans la véritable fuite en avant qui suit, l'expansion de la Révolution heurte les États limitrophes et débouche sur la guerre contre pratiquement toute l'Europe. Il ne s'agit plus que de vaincre ou mourir. S'ensuit le renversement de toutes les valeurs au cours de la deuxième révolution qui commence en 1792, et la recherche de solutions dictées par l'urgence. Alors que les assignats devenus papier-monnaie se déprécient, une économie de guerre réquisitionne les biens, mobilise la nation, contrôlant les prix et les salaires autant pour ravitailler les armées que pour satisfaire les besoins des classes populaires devenues le fer de lance de la Révolution. Tout est sous la surveillance, souvent tatillonne, des nouvelles autorités et surtout des innombrables fonctionnaires et militants qui maillent le pays.

L'hésitation est perceptible entre l'instauration d'un partage des héritages et des terres et le maintien du libéralisme économique, entre la redistribution des fortunes des émigrés et leur vente au profit de l'État, entre l'instauration d'un système étatique industriel et la délégation donnée aux chefs d'entreprise et aux fournisseurs aux armées. Si l'achat des biens de l'Église, « biens nationaux », est encouragé, la propriété privée est préservée et le commerce demeure libre. Les créances sur l'État sont inscrites pour partie sur le « Grand Livre » de la dette, qui assure une rente de 5 % seulement à une partie des créanciers les plus anciens, ruinant *de facto* les détenteurs d'assignats.

À la chute de Robespierre, après 1794, qui marque un tournant politique capital, rien n'a été tranché, les ambiguïtés demeurent, tandis que les victoires militaires améliorent la situation et que l'effort considérable a produit ses effets. Des solutions nouvelles peuvent être envisagées. L'évolution vers le libéralisme est nette, supprimant les contrôles et l'encadrement étatique. La liberté économique ruine les salariés et encore plus les rentiers de l'État, appauvris par la progression de l'inflation mais surtout concernés, en 1797, par ce qui entre dans l'histoire comme « la banqueroute des deux tiers ». Les créances sur l'État sont remboursées à concurrence des deux tiers de leur capital en bons de trésorerie admis en paiement des impôts ou de biens nationaux, le tiers restant demeure inscrit au Grand Livre de la dette publique, et les intérêts sont payés en bons de trésorerie. Pratiquement, la dette a disparu.

Dans le même temps, les assignats et tout le papier monnaie sont remplacés par un franc fondé sur l'argent et l'or, destiné à durer plus d'un siècle. Les impôts directs et indirects sont instaurés et le recensement cadastral est lancé. Cette réorganisation ne suffit pas : l'État vit des extorsions de fonds, effectuées au détriment des pays conquis en s'appuyant sur les réseaux de financiers douteux et sur les camarillas militaires. La société n'a pas été entièrement refondue, les anciennes hiérarchies retrouvant une partie de leur lustre, de leur pouvoir et de leurs propriétés, mais les circuits commerciaux et les spécialisations économiques ont été rebrassés, relançant la révolution industrielle entamée depuis les années 1770.

Le coup d'État de Bonaparte réussit parce qu'il rassure les créanciers et permet aux financiers, qui l'ont soutenu, de créer la Banque de France, facilitant le réescompte et contrôlant l'émission de la monnaie. Le franc n'échappe pourtant pas à une crise financière en 1805, avant qu'une crise industrielle n'affecte tout le pays en 1810-1812. Mais le poids de l'État, hérité de la centralité révolutionnaire, permet de franchir le cap. L'Empire sombrera pour d'autres raisons, la crise de l'Ancien Régime n'étant plus qu'un mauvais souvenir, d'abord pour ceux qui en avaient profité, mais aussi pour ceux qui l'associèrent à l'épisode révolutionnaire qui en avait été la sortie la plus visible.

Avant la grande crise mondiale

1925

Le choix d'une politique dirigiste destinée à assurer, dans divers domaines, l'indépendance économique de l'Italie, et à faire de la lire une monnaie forte, symbole de la « réussite » fasciste, ne date pas des premiers signes de la crise mondiale. Dès 1925, en effet, Mussolini a engagé l'économie italienne dans une voie clairement déflationniste, et ce, contre l'avis des milieux financiers.

Lancée en juillet 1925, la « bataille du grain » a donné lieu à un immense effort de propagande auquel prit part le Duce en personne. Cet effort de mobilisation permit d'accroître la production, passée en huit ans de 50 à près de 80 millions de quintaux. Un effort semblable fut accompli pour les autres cultures vivrières, ainsi que pour la production de viande, tout cela à des prix très supérieurs à ceux pratiqués sur le marché mondial.

Avec la crise de 1929, puis avec la guerre d'Éthiopie, il est apparu que les remèdes imaginés par les économistes libéraux pour sauver la lire, dévaluée trop tard (octobre 1936), et pour assurer l'autosuffisance de la péninsule en matière d'énergie, de matières premières, de produits alimentaires, etc. ne permettaient ni de freiner l'hémorragie de devises ni de faire sortir le pays d'un marasme économique caractérisé par une forte croissance du chômage, la multiplication des faillites, la raréfaction du crédit, le creusement de la dette publique, etc.

Pendant la courte période d'application des sanctions, à la suite de la conquête de l'Éthiopie, le gouvernement fasciste dut prendre des mesures qui renforçaient les tendances dirigistes et protectionnistes. Le discours du 23 mars 1936, dans lequel le Duce jugeait la guerre « inéluctable », a inauguré l'ère de la mobilisation économique. Sous l'impulsion de la Commission suprême pour l'autarcie, un effort immense fut entrepris pour permettre à l'Italie de limiter au minimum ses achats à l'étranger. Les syndicats, les corporations et les autres organisations du Parti furent chargés de faire passer dans la population les mots d'ordre autarciques, considérés à la fois comme répondant à une nécessité incontournable et comme un engagement patriotique.

La population fut fortement incitée à ne plus boire de café et à réduire sa consommation alimentaire. On interdit de servir dans les lieux publics plus de

50 grammes de pain. D'autres mesures ont porté sur la limitation du nombre de pages des journaux certains jours de la semaine, la fermeture à 23 heures des cafés, restaurants, théâtres et autres lieux festifs, la limitation à 30 litres par mois des fournitures de carburant aux automobilistes : ce pour ne citer que les dispositions les plus spectaculaires. Le mot « autarcie », jusqu'alors ignoré des masses, fut érigé en consigne d'État et placardé, en lettres géantes, sur les façades des monuments publics.

Avec la crise économique mondiale, l'État fasciste allait aussi être conduit à se porter au secours du capitalisme italien. La stabilisation de la lire à un niveau trop élevé a créé une disparité entre les prix italiens et ceux du marché, d'où la difficulté à exporter et l'effondrement de la production industrielle (plus de 30 %), génératrice de chômage (1 million en 1932) et d'abaissement des salaires. Menacées de faillite, les grandes sociétés et les banques se sont tournées vers l'État, au moment où celui-ci s'engageait dans une politique de déflation qui ne suffira pas à redresser la situation. Ainsi, toujours obstiné à sauver une monnaie qui perdait chaque jour de sa valeur, Mussolini a-t-il décidé d'isoler son pays du monde extérieur en imposant le contrôle des changes, des droits prohibitifs sur tous les produits « non vitaux » et la conclusion d'accords de *clearing* avec l'Allemagne et avec certains États de l'Est européen.

En 1939, à l'heure où Mussolini s'apprête à suivre Hitler dans sa politique belliqueuse, l'économie italienne apparaît comme profondément déséquilibrée, artificiellement axée sur la préparation de la guerre. Tout n'est pas négatif, certes, dans l'effort accompli par le régime pour permettre au pays de satisfaire lui-même ses besoins en carburant (recherche du gaz naturel et du pétrole dans la vallée du Pô), en lignite, en minerais, en produits tels que la cellulose et les textiles artificiels. Une politique dite de « bonification intégrale » a permis non seulement d'assainir et de mettre en culture plusieurs millions d'hectares dans la basse vallée du Pô, le long de la côte tyrrhénienne et surtout dans le sud du Latium, mais également d'y installer des colons et de créer toute une infrastructure et des villes nouvelles. Un programme de grands travaux a été lancé dans l'objectif de résorber le chômage, mais aussi de répondre à des préoccupations économiques ou à des soucis de prestige : électrification d'une partie du réseau ferroviaire, mise en place du premier réseau routier européen, mise en valeur de la romanité, etc. Au total, des réalisations spectaculaires, mais partielles, et qui ont négligé un facteur essentiel. Depuis 1935, l'Italie s'est appliquée à produire à n'importe quel prix, sans tenir compte du coût réel des objets produits, et dans des conditions antiéconomiques qui n'ont pu qu'encourager la spéculation et la corruption.

On considère souvent la fermeture de l'Italie au monde extérieur comme le produit d'un choix politique destiné à préparer le pays à la guerre, dès lors que celle-ci était jugée inévitable par le principal détenteur du pouvoir. En réalité, l'autarcie n'a pas visé, au début du moins, à la mobilisation économique « préventive » de la nation. Elle a été dictée aux dirigeants fascistes par les circonstances et notamment par l'entêtement du Duce à vouloir poursuivre, à n'importe quel prix, une politique de prestige monétaire. C'est après que la logique du système a nourri une politique extérieure qui conduira le chef de l'Italie fasciste à passer contrat avec Hitler. Le paradoxe veut cependant que certaines réalisations effectuées par le régime mussolinien au titre de l'autarcie « patriotique », surtout l'équipement du pays en moyens modernes de communication et la mise en place des grands organismes semi-publics (IRI, ENI, etc.), ont constitué un héritage qui servira après la guerre de tremplin au « miracle italien ».

Les deux chocs pétroliers

1973 et 1979

Sur l'écran, le visage buriné d'un acteur aux cheveux bruns apparaît en gros plan. Puis, à mesure que la caméra recule, se distingue un enfant à ses côtés. Ils pêchent ensemble au bord d'une rivière. Sa voix est grave et sûre, avec une légère pointe d'ironie. Nous en sommes en 1974 : « En France, on a toute sorte de chose. On a la meilleure cuisine du monde, une industrie puissante, la pétanque, une histoire glorieuse. On a aussi une situation géographique privilégiée, la tour Eiffel et la pêche à la ligne. Oui, en France, on a tout ça et bien plus encore. Pourtant, une chose nous manque, une chose essentielle : le pétrole. Le pétrole, nous sommes obligés de l'acheter à d'autres. Cher, trop cher. En France, on n'a pas de pétrole, mais on a des idées. »

Ce premier spot de pub du gouvernement pour mobiliser la population face à la hausse brutale des cours du pétrole à l'automne 1973 tente de redonner confiance aux Français. L'Organisation des pays exportateurs de pétrole (Opep) vient, en effet, de décider d'un embargo total sur les ventes aux États-Unis et aux Pays-Bas jugés complice de l'État d'Israël, lancé dans la guerre de Kippour, et d'augmenter les prix pour accroître leurs bénéfices au détriment des Occidentaux. En Europe, les balances commerciales s'effondrent sous le poids des importations d'hydrocarbures. Logiquement, le gouvernement français, dirigé par Pierre Messmer, se lance dans une politique d'économies d'énergie et recommande d'éteindre les lumières des magasins après 22 heures et en quittant une pièce. Tous les pays d'Europe ont ce premier réflexe de chercher à limiter la consommation de pétrole.

Le chancelier Willy Brandt et le SPD, en Allemagne, font un choix sans précédent dans l'histoire du pays. Ils adoptent une loi interdisant l'usage des voitures le dimanche, et limitant à 100 km/h la vitesse sur les autoroutes. Le dimanche 25 novembre 1973, les 13 millions d'automobilistes de la République fédérale sont donc condamnés à marcher. Au pays des grosses cylindrées, la population accepte plutôt docilement la situation. Au centre de Berlin, les enfants courent sur la grande artère du Kurfürstendamm en profitant des premières vitrines de Noël. En Basse-Saxe, la police effectue pas moins de 10 000 contrôles et ne relève que 174 infractions.

Le regard se tourne vers les fabricants, comme BMW qui précisément inaugure une nouvelle usine. Sauront-ils faire des voitures qui consomment moins d'essence ? Les ventes du secteur chutent en quelques semaines de 18 %. L'inquiétude règne. Pourtant, quatre mois plus tard, l'interdiction de circulation est levée et le slogan « Conduite libre pour citoyen libre » est de retour. La vitesse recommandée passe à 130 km/h sur les autoroutes et la limite est indicative. L'Allemand peut appuyer sur le champignon.

En 1974, le président Valéry Giscard d'Estaing, tout juste élu, et son Premier ministre, le jeune Jacques Chirac, sont face à un choix stratégique. Il faut fournir une énergie à bas prix pour assurer le développement industriel du pays et éviter, comme en Allemagne, que la hausse des matières premières ne ruine la chimie ou la sidérurgie. Ils décident de renforcer et d'accélérer les programmes de construction de centrales nucléaires amorcés par les gouvernements successifs de Jacques Chaban-Delmas et Pierre Messmer.

La constance du développement de ce dossier témoigne d'ailleurs qu'EDF avait pris ces options depuis longtemps et poussait avec une obstination de polytechniciens les hommes politiques dans sa direction. Le plan initial prévoyait seulement 8 000 MW à l'horizon 1977 pour la production nucléaire. Mais, avec le choc pétrolier, tout s'accélère : 13 000 MW devront être fournis dès la fin de l'année 1975. Giscard engage même EDF jusqu'à hauteur de 50 000 MW pour 1980. Désormais, le pays progresse irrémédiablement dans la filière atomique, ce qui permet aux Français de retrouver une énergie peu chère. Mais, déjà, les mouvements écologistes se mobilisent. En 1978, ils s'élèvent contre la construction de la centrale de Plogoff. L'affaire a un tel retentissement que la centrale est suspendue en 1981, par François Mitterrand.

Pour les écologistes et une partie de la gauche, des alternatives au nucléaire doivent être mises en place. Ils défendent partout en Europe l'usage du solaire et de l'éolien. En Allemagne, le mouvement est suffisamment fort pour pousser le gouvernement fédéral à soutenir ces filières. Le secteur reste marginal toutefois. Sa rentabilité est mise en cause par les partis de gouvernement. Rapidement, d'ailleurs, les écologistes prônent des économies d'énergie substantielles, par l'isolation et l'usage de matériaux de construction adaptés.

La Grande-Bretagne a réagi différemment. Elle s'est lancée dans la prospection de nouvelles sources d'hydrocarbures. La hausse du prix du pétrole permet de rentabiliser des exploitations jusqu'alors jugées trop chères. C'est le cas des plates-formes pétrolifères de la mer du Nord qui, à partir de 1975, accroissent leur production de 2,5 millions de barils par jour. Elles contribuent à réduire la pression sur le pays et en font le premier producteur européen. L'Italie ou les Pays-Bas tentent aussi de valoriser leurs ressources. Aux États-Unis, les grandes sociétés pétrolières ont le même réflexe. Elles mettent en exploitation plusieurs zones aux coûts techniques élevés, tels les gisements off-shore du golfe du Mexique ou de l'Alaska. Les pays occidentaux se redécouvrent une vocation pétrolière et gazière, en somme. La multiplication par quatre du prix du pétrole a d'autres effets profonds et durables sur l'économie. Elle inaugure une phase d'inflation alors même que la croissance économique s'effondre. Les économistes forgent un nouveau concept pour en parler : la stagflation, mélange de stagnation et d'inflation. Celle-là a pour incidence un bond en avant du chômage qui ravage tous les pays d'Europe, y compris l'Allemagne en 1975.

En France, Jacques Chirac redoutant une explosion sociale convainc, dès 1974, le président de la République de la nécessité de mettre en place une bonne indemnisation du chômage. Cette allocation d'attente a fait l'objet d'un accord interprofessionnel et devrait permettre de patienter jusqu'au retour (rapide ?) de l'activité. Parallèlement, le Premier ministre tente d'encadrer les destructions d'emploi. Il fait adopter le 3 janvier 1975 une loi créant l'autorisation administrative de licenciement. Il s'agit moins d'empêcher les entrepreneurs de réduire sauvagement leurs effectifs que de coordonner les renvois avec les services sociaux et l'inspection du travail. Il faut prévoir ce que vont devenir les salariés. Les pansements ne suffisent pas à enrayer le coup de frein brutal de l'économie, et rapidement la tension monte. Quelle stratégie envisager pour sauver l'activité ? À gauche, le Parti socialiste et le Parti communiste, qui ont signé un programme commun de gouvernement en 1972, prétendent trouver des solutions par une plus grande implication de l'État à travers la nationalisation de grandes entreprises et de banques et en relançant la consommation par l'augmentation des bas salaires. Très influencés par le keynésianisme, communistes et socialistes sont persuadés qu'en période de crise la dépense collective est l'unique solution pour compenser la faillite du capitalisme. Ils triomphent aux municipales de 1977, mais la coalition éclate en 1978, à la veille des législatives.

Le gouvernement, entre-temps, change. Raymond Barre, devenu Premier ministre en août 1976, et considéré comme le « meilleur économiste de France » par le président Giscard d'Estaing, pose un diagnostic très influencé par l'exemple du voisin allemand, où Helmut Schmidt, le nouveau chancelier, agit d'abord sur l'investissement. Il s'agit de réduire les charges pesant sur les entreprises, de favoriser leurs bénéfices et de leur permettre ainsi d'investir pour développer des produits à plus forte valeur ajoutée, de manière à pouvoir supporter les hausses de prix des matières premières. Cette politique de l'offre doit aussi s'accompagner d'une réduction de l'inflation et d'une stricte tenue de la dépense publique, afin d'éviter une nouvelle dévaluation, car la confiance conditionne le comportement des agents économiques. La solution ne fonctionne pas aussi bien que prévu : les entreprises françaises s'étaient déjà fortement endettées pour tenir le premier choc de la crise. Elles profitent des avantages concédés par le gouvernement pour couvrir leurs créances sans créer de nouvelles activités. Et le chômage continue sa course.

Le second choc pétrolier qui survient alors, en 1979, trouve un pays en proie au doute. Une question lancinante le mine. Et si la situation venait de l'incurie de la droite au pouvoir depuis 1958 ? C'est du moins le message que fait passer François Mitterrand, le leader de l'opposition de gauche. L'alternance serait la seule bonne solution. La campagne pour l'élection présidentielle de 1981 se joue largement sur les questions économiques, avec la croyance naïve qu'une nouvelle équipe proposera de nouvelles solutions. Hélas, le président Mitterrand ne fera pas mieux que son prédécesseur. En deux ans, les caisses du pays sont vidées, le commerce extérieur, ravagé, la dette, accrue. Et ses successeurs ne feront guère mieux non plus. En fait, depuis cette époque, l'économie échappe toujours plus aux décisions politiques.

II

LES CRISES POLITIQUES

La démocratie périclite à Athènes

404 av. J.-C.

Lors des manifestations dramatiques d'Athènes de mai 2011, quand la crise politique du gouvernement grec battait son plein, on pouvait lire un slogan assez créatif (en anglais dans le texte) : *« Error 404, democracy not found »* (« Erreur 404, démocratie non trouvée »). Or, ce slogan au goût un peu *nerd* évoque, sans doute involontairement, l'une des grandes dates de l'histoire grecque : 404 av. J.-C., quand la démocratie athénienne connut la plus grave crise de son histoire.

Bien sûr, la dérive de la cité avait commencé plus tôt, et déjà au début de la guerre du Péloponnèse qui l'oppose à Sparte, en 431, Athènes était fortement divisée entre des factions n'hésitant pas à se dénoncer en justice pour s'éliminer mutuellement. La démocratie semblait survivre grâce aux traditions, mais les pratiques s'éloignaient de l'idéal initial d'une société d'égaux. Les tensions économiques, les difficultés militaires ne changeaient rien à l'affaire. Pis, en 411, à l'issue de la désastreuse expédition en Sicile, une nouvelle dérive a vu le jour quand des Athéniens n'ont pas hésité à se tourner vers les anciens ennemis perses pour y chercher soutien (les Spartiates firent de même, mais avec plus de succès). Et c'est justement l'action diplomatique d'un haut dignitaire de l'Empire perse, le satrape Tissapherne, qui contribue à fomenter un véritable coup d'État, avec l'instauration d'un comité de 10 citoyens qui annule le système de gouvernement et détermine la création d'un conseil de 400 citoyens, non élus mais cooptés.

C'est probablement vers cette époque qu'un anonyme athénien, qu'on appelle souvent le « Vieil Oligarque », écrit une *Constitution des Athéniens* où le système de la démocratie est vu d'un œil aussi méprisant que lucide. Pour cet auteur, le gouvernement du peuple favorise les méchants au détriment des bons. Il faut donc dénoncer le rapport entre le système démocratique et l'empire maritime athénien. Aux yeux du Vieil Oligarque, Athènes, ce véritable modèle de « démocratie providence », représente le triomphe de la populace sur les « bons » citoyens. C'est la porte ouverte à des personnages impitoyables et sans scrupule qui, en particulier après la mort de Périclès, ont influencé la politique athénienne, en proposant la guerre à outrance et les représailles contre les alliés les plus récalcitrants, tel Cléon, que le dramaturge

Aristophane dépeint comme une sorte de Berlusconi avant la lettre, ou encore le très ambigu Alcibiade. Quelques années plus tard, le Vieil Oligarque évoque ces dérives, en dénonçant la fâcheuse tendance des Athéniens, si libres chez eux, à prendre les alliés pour leurs esclaves. La solution Tissapherne a donc toute son approbation. L'alerte de 411 a été chaude. La démocratie n'a tenu qu'à force de s'incarner dans une équipe dirigeante qui gardait encore des bataillons de militants. Mais, en 404, la crise revient au galop, car les Spartiates, victorieux dans la guerre du Péloponnèse, imposent de dures conditions à la cité vaincue : si la ville est épargnée, en revanche on détruit les Longs Murs la reliant au port du Pirée, et la presque totalité des navires de la flotte athénienne est consignée. Et, surtout, les vainqueurs donnent un rude coup à la démocratie athénienne, en faisant instaurer une sorte de comité de salut public formé par 30 citoyens, passés à l'histoire comme les « Trente Tyrans ». Ce gouvernement provisoire est censé élaborer une nouvelle constitution oligarchique. Pour abattre la démocratie, il faut se libérer de tous les éléments gênants. Protégés par une garnison spartiate, les Trente instaurent donc un véritable régime de la terreur contre leurs adversaires, ou plus simplement contre les citoyens fortunés et les métèques, à savoir les étrangers résidant dans la cité, pour les dépouiller de leurs biens. Les arrestations se multiplient et bientôt on commence à liquider. Le bilan est lourd, 1 500 hommes environ sont exécutés sommairement. La solution dictatoriale tourne au massacre généralisé. Sans doute les vieilles querelles accumulées par un siècle de vie publique agitée trouvent-elles là un exutoire. Et il faut aussi voir dans ces exactions la main des Spartiates, soucieux de détruire les élites de leur adversaire historique.

Le gouvernement oligarchique ne parvient cependant pas à séduire les masses. Une fois les Spartiates éloignés, les Athéniens se lancent dans une véritable guerre civile, au terme de laquelle, dès 403, les partisans de la démocratie triomphent. En donnant preuve d'un haut sens civique, les restaurateurs trouvent une solution, assez étonnante pour un monde composé par des cités turbulentes : tous les citoyens sont obligés de jurer solennellement d'« oublier les malheurs », c'est-à-dire d'accepter la réconciliation politique. Une amnistie générale est promulguée. Et si les responsables du coup d'État oligarchique sont traînés en justice et condamnés, on empêche la faction gagnante de se venger des Athéniens qui, dans la confusion politique, avaient accepté ou soutenu le gouvernement des Trente, ou tout au moins ne l'avaient pas désavoué ouvertement. Certes, l'amnistie de 403 est une opération essentiellement politique : obligés de chercher des boucs émissaires en dehors de l'arène politique, les « démocrates » finissent par attribuer la crise du régime aux sophistes, des philosophes accusés de pervertir les valeurs traditionnelles. La victime la plus illustre de ce dernier règlement de comptes est le philosophe Socrate, condamné à mort en 399 pour « ne pas reconnaître les dieux que reconnaît la cité », introduire « des divinités nouvelles » et « corrompre les jeunes gens ».

Toutes les exactions du gouvernement oligarchique ne sont pourtant pas vengées, ainsi qu'il ressort du discours Contre Eratosthène, un plaidoyer judiciaire prononcé à l'automne 403 par le grand orateur Lysias, qui s'attache de façon magistrale à récupérer ses biens saisis par un des Trente, Eratosthène, également responsable de la mort de Polémarque, le frère de Lysias. En dépit de ce deuil, le discours est très équilibré : Lysias veut la justice, pas la vengeance, et d'ailleurs il sait bien qu'en ce moment la dissension politique l'emporte par-dessus tout. Malgré la force de ses arguments, il n'obtient pas gain de cause, sans doute parce qu'il était un métèque, et qu'en cette heure délicate mieux valait admettre une injustice pour éteindre les feux de la guerre civile. Avec la sagesse rétrospective de vingt-quatre siècles d'histoire, le choix d'« oublier le passé » démontre le haut degré de maturité politique atteint par la démocratie athénienne.

Si le régime démocratique est sorti indemne de la crise de 404, et malgré les efforts pour rétablir l'empire maritime, il ne retrouvera jamais son plein rayonnement. Curieusement, les principaux responsables pensaient d'abord résoudre la crise institutionnelle avant de songer aux questions sociales. Or, les faiblesses du régime provenaient aussi de l'accroissement des inégalités et de la montée des disparités dans une cité opulente et conquérante. Quoi qu'il en soit, l'essor de la Macédoine met bientôt fin aux prétentions athéniennes de dominer l'économie d'une bonne partie de la Méditerranée. Après la victoire de Philippe II de Macédoine à Chéronée, en 338, et l'avènement de son fils Alexandre le Grand en 336, Athènes est destinée à un rôle bien moins prestigieux. Le déclin politique de la cité n'affecte pas tous les citoyens et, malgré l'acharnement de fervents patriotes tel Démosthène, beaucoup apprécient la prospérité économique assurée par la protection des Macédoniens sous le gouvernement du régent Antipater. De fait, l'hégémonie macédonienne ne menace pas le système démocratique. À cette époque, Aristote écrit une Constitution des Athéniens où les arguments du Vieil Oligarque sont inversés : après le retour du régime démocratique, on a attribué « toujours de plus grands pouvoirs à la foule. Car le peuple s'est rendu maître de tout, et tout est réglé par les décrets et les tribunaux où le peuple est souverain. En effet, les jugements rendus autrefois par le conseil sont passés aux mains du peuple ; et en cela on semble avoir bien fait, car le petit nombre est, plus que le grand, accessible à la corruption par l'argent et la faveur ». Protégé par Philippe de Macédoine, Aristote, précepteur d'Alexandre le Grand, et surtout métèque, n'avait guère de raisons de défendre le système démocratique athénien, mais il admettait qu'en quelque sorte c'était un moindre mal. Après la mort d'Alexandre, en 322, les Athéniens le chasseront de la cité.

Finalement, 404 semble avoir été une crise de croissance et, trois générations plus tard, la démocratie jouit d'une bonne santé. C'est pour cette raison que, à part le dernier « accident de parcours » du gouvernement de Démétrios de Phalère (317-307), Athènes gardera son autonomie et son prestige sous le contrôle des Macédoniens puis des Romains, et aussi un certain poids dans l'économie de l'espace égéen. Bien entendu, son rôle politique ne sera plus qu'un modèle d'inspiration pour les Grecs, qui resteront toujours attachés aux trois grandes valeurs de dêmokratia, eleutheria, autonomia (« démocratie, liberté, autonomie »). En 2011, les manifestants de la place Syntagma n'étaient pas moins concernés par ces valeurs. Toutefois, comme leurs lointains prédécesseurs, ils négligeaient le risque que fait peser toute contestation. L'erreur (de) 404 n'était pas une erreur système. Elle résultait de la corruption des élites par la mise en réseau. On ne put en sortir qu'en brisant les servitudes des dettes virulentes, tout en admettant un pardon qui efface la mémoire vive des rancœurs.

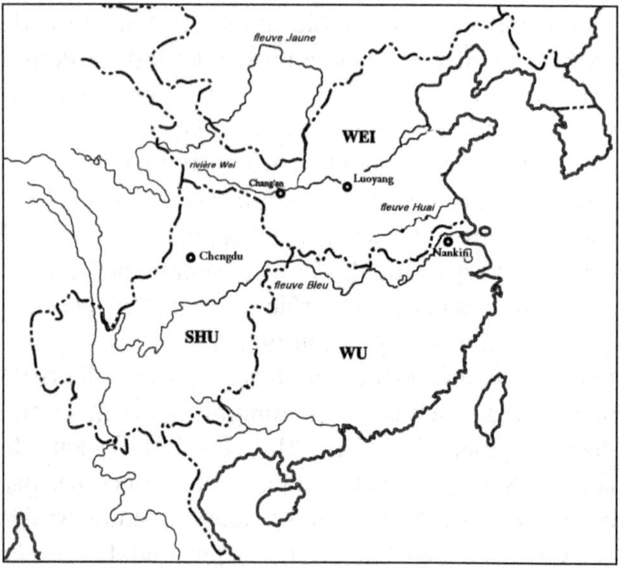

La Chine des Trois Royaumes
(vers l'an 230)

La Chine disloquée

208 de notre ère

Vers la fin du IIe siècle de notre ère, sous la dynastie des Han, l'autorité de l'empereur ne cesse de s'affaiblir. Profitant de cette situation, des chefs de guerre locaux se taillent des territoires autonomes, et la soldatesque ravage le pays, en proie à d'innombrables batailles, razzias ou insurrections, le tout sur fond de mouvements religieux millénaristes, tel celui des turbans jaunes de 184 qui n'hésite pas à s'attaquer à l'empereur lui-même. Graduellement, trois généraux prennent le pas sur les autres, chacun se prétendant le véritable défenseur de l'empire Han en danger. L'un d'entre eux, le célèbre Cao Cao (Ts'ao Ts'ao), jouit d'un avantage symbolique : il dispose à ses côtés de l'empereur légitime des Han, souverain fantoche certes, mais paré du prestige impérial. Redoutable stratège, Cao Cao parvient en une vingtaine d'années à unifier tout le nord du pays, mais se heurte en 208 à la coalition des deux autres chefs,

Sun Quan et Liu Bei, qui, lors de la bataille fluviale de la Falaise rouge, brisent ses prétentions méridionales. Ce combat est si profondément ancré dans la mémoire chinoise qu'il a été porté à l'écran par le réalisateur John Woo, dans sa vaste épopée cinématographique *les Trois Royaumes,* en 2008.

Dès lors, pour la première fois de son histoire, mais pas la dernière, l'empire se disloque et se trouve scindé en trois ; en 220, le fils de Cao Cao met officiellement un terme à la dynastie des Han : il contraint le dernier souverain à l'abdication, se proclame Fils du Ciel (c'est-à-dire empereur) et fonde une nouvelle dynastie, les Wei. Les deux autres chefs ne tardent pas à suivre le même chemin et fondent eux aussi leur propre dynastie impériale. Il y a maintenant trois empereurs en Chine, chacun établi dans un centre économique et stratégique : Luoyang au nord (royaume de Wei), Nankin au sud-est (royaume de Wu) et Chengdu à l'ouest (royaume de Shu). La situation est intolérable sur le plan idéologique, car l'idée impériale d'unité et de centralisation, un legs du Premier empereur, demeure la norme. Dans ce système, il ne peut y avoir qu'un seul Fils du Ciel. Pendant une quarantaine d'années, les Trois Royaumes tentent par tous les moyens de s'annexer les uns les autres.

L'unification a finalement bien lieu, elle n'est cependant pas le fait de l'un de ces trois États. Elle est l'aboutissement d'un coup d'État particulièrement sanglant ourdi dans le royaume de Wei par un militaire du nom de Sima Yi (179-251). Ce dernier avait été, au début de sa carrière, un franc partisan des Cao. Il fut très proche du fils de Cao Cao – le fondateur officiel des Wei – puis de son successeur, qui tous deux le nommèrent régent ou corégent à leur mort. C'est également un général au grand prestige militaire, puisque, en 238, il a annexé dans le Nord-Est une région sécessionniste depuis plus de cinquante ans. Cependant, revenu à la cour, il se heurte à l'hostilité d'une partie du clan Cao, notamment celle du régent, qui voit d'un mauvais œil cet ambitieux général. Pendant quelques années, Sima Yi reste en retrait, mais il sait qu'il dispose d'un réseau de soutiens très important : étant le patriarche du clan Sima – il est septuagénaire lors de son coup d'État –, dépositaire de l'autorité familiale, il a pendant plusieurs dizaines d'années noué diverses alliances en mariant ses enfants et petits-enfants aux membres des plus grands clans de l'époque. En outre, bien que militaire, il se présente comme un défenseur du confucianisme le plus traditionnel, doctrine alors mise en danger par un courant néo-taoïste en vogue à la cour des Wei ; cela lui assure donc le soutien de clercs et d'intellectuels. En 249, sentant l'heure venue, Sima Yi profite d'une sortie officielle de l'empereur et du régent pour déclencher son putsch : il se rend maître de la capitale et de ses arsenaux, et envoie une lettre à l'empereur dans laquelle il met en accusation le régent, tout en lui promettant la vie sauve s'il quitte le pouvoir. Ce dernier accède à la demande, mais sera exécuté, comme tous ses partisans.

Sima Yi a donc réussi son coup : il s'est emparé brusquement du pouvoir alors aux mains du clan Cao, tout comme celui-ci l'avait confisqué aux empereurs des Han. Ayant éliminé physiquement ses principaux rivaux, Sima Yi était en bonne position pour établir un pouvoir durable, mais, relativement âgé, il ne vit pas la suite des succès de son clan. De fait, à partir de 249, trois générations de Sima se succèdent en tant que « maires du palais » à la tête du royaume de Wei, purgeant celui-ci de toute opposition, tout en continuant la lutte contre les deux autres royaumes. En 264, le Wei, le plus puissant des trois, parvient à annexer celui de Shu. Cette victoire assure aux Sima un prestige immense : ils présentent cette conquête comme la première étape vers l'unification et montrent qu'ils sont, par là, agréés par le Ciel. Ils méritent tout naturellement d'accéder à la dignité impériale, disent leurs propagandistes. C'est ainsi que, deux ans plus tard, le dernier empereur des Wei est contraint à l'abdication, et transmet le pouvoir à un Sima. Les descendants de Sima Yi fondent alors une nouvelle dynastie, les Jin, du nom d'un territoire proche de leur lieu d'origine. Le nom des dynasties chinoises, en effet, n'a pas de lien avec celui de la famille au pouvoir, c'est le nom de l'État en quelque sorte, le plus souvent choisi en reprenant le nom d'une principauté de l'Antiquité.

Le premier dépositaire du pouvoir sous les Jin, l'empereur Wu (236-290), Sima Yan de son nom personnel, petit-fils de Sima Yi, a la lourde tâche de réorganiser l'État et de lui donner une identité propre. Tâche ardue *a priori,* d'autant que le pouvoir lui échoit de manière fort brusque : c'est son père qui devait fonder les Jin et en devenir le premier souverain, mais la mort le frappa trop tôt. Aussi, dès son intronisation, l'empereur Wu se place-t-il dans la continuité de son père et met en œuvre les réformes que celui-ci avait prévues : publication d'un nouveau code de loi, nouveaux règlements agraires, etc. Il lui faut montrer en effet à la cour, aux provinces et au dernier des Trois Royaumes, le Wu, que les Wei appartiennent au passé et que l'empire des Jin a vocation à régner sur l'intégralité du territoire chinois.

Sur ce point, le passage des Wei aux Jin est une réussite : l'empereur Wu hérite d'un État et d'une cour acquis à sa cause et ne souffre, durant son règne, d'aucune véritable contestation de son autorité puisque les grandes purges ont été réalisées avant son accession au trône. Le territoire chinois n'est cependant pas totalement sous son contrôle puisque le royaume de Wu, au sud-est, n'est pas encore annexé. Il faut encore quinze ans pour y parvenir tant les divergences et les rivalités entre ministres et courtisans ralentissent l'action. En définitive, la campagne militaire de 280, qui ne dure que quelques mois, est simple, efficace et imparable : le royaume de Wu est attaqué par le nord et par l'ouest et noyé sous un flot de 200 000 hommes. En 280, la Chine est donc réunifiée et pacifiée, une situation qu'elle n'avait plus connue depuis un siècle. La crise représentée par la fragmentation des Trois Royaumes est achevée. Pendant environ dix ans, l'économie se redresse, et cette période sera rétrospectivement perçue comme un âge de prospérité et de quiétude : en effet, dans la mesure où les Jin n'ont plus d'ennemis importants à combattre et qu'ils règnent sur l'ensemble du pays, les échanges entre le Nord et le Sud reprennent et les ressources sont consacrées non plus à la guerre, mais au développement du pays. « Les campagnes étaient couvertes de buffles et de chevaux ; le grain s'accumulait dans les champs », est-il écrit dans les annales de cette époque.

Mais ce temps béni ne dure pas, car l'empereur Wu commet de graves erreurs, se reposant entièrement sur cette victoire fragile et négligeant, d'un côté, les rivalités dans sa famille et, de l'autre, les menaces que font peser les barbares à la frontière nord. Dès son intronisation, en 265, le souverain avait distribué quantité de fiefs aux membres de son clan et aux familles alliées, afin de remercier les partisans qui avaient aidé son père, son oncle et son grand-père (Sima Yi) à s'emparer du pouvoir sous les Wei. Les fiefs les plus importants sont de vastes territoires, pourvus d'armées contrôlées directement par les princes. L'empereur espérait ainsi éviter le triste sort des Cao, dépossédés de leur État par sa propre famille, c'est la raison pour laquelle il privilégie alors les membres de son propre clan. Dans le même temps, aux frontières, l'agitation gronde. L'empereur Wu ambitionne d'élever un rempart contre les populations étrangères du Nord et doit pour cela confier des sortes de proconsulats aux militaires et aux princes Sima. Trop confiant dans l'avenir, une fois le royaume de Wu conquis, le souverain démobilise les troupes régionales, ne laissant aux mains des fonctionnaires locaux que des forces de gendarmerie. La démobilisation des armées régionales donne encore plus de puissance aux forces princières, si bien que, à la mort du souverain, en 290, le pouvoir militaire est presque exclusivement détenu par des membres du clan impérial, répartis aux quatre coins de l'empire.

Moins d'une génération plus tard, cette situation explosive produit ses effets. Les leçons de la crise des Trois Royaumes semblent oubliées et déjà s'ouvre une nouvelle période chaotique que l'historiographie chinoise a appelée les guerres des Huit Princes. Pendant environ quinze ans, des Sima se livrent bataille selon un schéma simple et répétitif : lorsqu'un prince a réussi à capter le pouvoir, les autres se coalisent contre lui et font tout pour le faire disparaître. Dès que le but est atteint, la coalition se disloque. Au début du IVe siècle, l'empire Jin est finalement exsangue, rongé de l'intérieur par ces guerres et menacé sur ses frontières par de nombreuses populations non chinoises : l'émiettement est de nouveau la règle. Si, au sud, un prince Sima se proclame encore empereur dans la ville de Nankin, le Nord, où s'épanouissent des États plus ou moins barbares, échappe totalement à son autorité.

Pendant trois siècles, jusqu'à l'unification réalisée sous la dynastie des Sui, en 589, la Chine est à nouveau fragmentée, cette fois en deux grandes zones. Cette période, désignée couramment par l'expression « dynasties du Nord et du Sud », bien que fort troublée sur les plans politique, économique et social, est cependant extrêmement riche dans le domaine culturel : la poésie fleurit dans les cours aristocratiques chinoises du Sud, et, dans le domaine religieux, ces quelques siècles sont marqués par la diffusion et l'acclimatation d'une doctrine indienne promise à un grand avenir en Chine : le bouddhisme. Sans doute la fuite spirituelle compensait-elle un dégoût généralisé devant le caractère insensé de la politique, où l'intérêt personnel et clanique ruinait tout espoir d'un destin collectif.

Finalement, la chute de la dynastie Han, après quatre siècles de règne, et la période des Trois Royaumes restent pour les Chinois une rupture traumatique, celle qui vit la croyance en une marche stable du pays s'effondrer, celle qui ouvrit la voie à près de mille oscillations entre unité et fragmentation.

Épilogue de la guerre de Cent Ans

1415-1453

Le 5 août 1392, le roi de France Charles VI traversait une vaste plaine écrasée sous le soleil de midi aux abords de la forêt du Mans. Épuisé, le souverain s'était assoupi tout en chevauchant, malgré la troublante rencontre qu'il venait de faire avec un inconnu qui lui avait dit de se méfier, car il était trahi. Brusquement, il fut réveillé par le bruit de la lance d'un page tombant sur un de ses voisins. Charles dégaina alors son épée et se lança contre sa suite en hurlant à l'assaillant. Son frère Louis d'Orléans dut fuir pour éviter son agression. Médusés, ses serviteurs tentèrent de le maîtriser et quatre hommes moururent avant qu'il ne soit pris, ligoté et allongé sur un chariot où il perdit connaissance. Il fallait se rendre à l'évidence : le roi de France était devenu fou. Et son mal irait grandissant, ouvrant une vacance au sommet de l'État, d'où allaient naître la division, la discorde, puis l'invasion et l'occupation. À la faveur de cette impuissance nationale, les Anglais entreraient en France comme dans du beurre.

Car le gouvernement se divise alors entre des partis et des clans dont les noms sont entrés dans l'histoire : les Armagnacs et les Bourguignons. Chacun d'eux veut exercer le pouvoir au profit de sa clientèle et de ses proches. Assassinats, trahisons et disgrâces se poursuivent si bien que les souverains anglais comprennent l'opportunité de reprendre les armes et, sous prétexte de querelle de succession à la couronne de France, de se lancer dans une nouvelle session de pillages et d'extorsions de fonds. C'est ainsi que, en octobre 1415, sous le commandement d'Henri V, une petite armée de 6 000 soldats anglais a débarqué en Normandie, près de Harfleur. Sous le commandement du connétable de France Charles d'Albret, une troupe de 30 000 hommes, la fine fleur de la chevalerie, doit lui barrer le passage et la détruire. Ainsi le jour de la Saint-Crépin, si bien décrit par Shakespeare, les deux forces se font face. À la fougueuse charge de la cavalerie lourde française répondent les flèches des archers anglais. Avant même la mêlée, la première ligne française est liquidée à distance par les tirs ennemis. Le soir de la bataille d'Azincourt, le roi d'Angleterre Henri V a gagné son hégémonie sur les deux royaumes. Par le traité de Troyes, en 1420, il est officiellement reconnu successeur de son nouveau beau-père, Charles VI, le fou. Mais il meurt avant ce dernier. Bientôt, son fils Henri VI, tout juste âgé de 9 mois, devient roi de France et d'Angleterre. La majeure partie du territoire est soumise aux Anglais. Le pays connaît une forme d'occupation, la guerre civile fait rage, quand ce n'est pas l'anarchie, les petits seigneurs en profitant pour régler de vieux comptes ou détourner des terres et des revenus à leur profit. Paris, dominé par le parti bourguignon, est un soutien constant à la couronne anglaise.

Quelques princes refusent cette situation et, en particulier, l'héritier direct de Charles VI, le dauphin Charles, qui rejette le traité de Troyes, et trouve refuge dans la région Centre, avec Bourges pour capitale. Disons-le haut et fort : Charles, septième du nom, a été un très grand roi et la clé principale de la renaissance du royaume de France. Habile stratège, il s'est lancé dans une politique de reconnaissance diplomatique sans précédent. Il a aussi compris mieux que d'autres la puissance nouvelle de l'artillerie pour reconquérir les villes. Il a su enfin s'entourer de serviteurs dont la fidélité lui a permis de compenser l'avidité des grands clans qui composaient son entourage. Si nous avons de lui une image si piètre, c'est bien parce qu'il a mis au pas les Bourbons, ce que les rois issus de cette branche ne lui pardonneront pas. Et, pour les historiens républicains, il sera détourné en symbole du ridicule monarchique. Pourtant, Charles VII a su trouver de nouvelles troupes, réorganiser l'État et retourner lentement cette situation ahurissante à son avantage. Trois personnalités vont incarner les voies du redressement. La première est une toute jeune femme, Jeanne d'Arc ; le deuxième, un financier, Jacques Cœur ; et le troisième, un ennemi, Richard, duc d'York.

Jeanne, déjà appelée « la Pucelle » de son vivant, porte dès son apparition le formidable travail de recomposition de la légitimité royale de Charles. Elle s'inscrit dans une série de prophètes et d'inspirés qui affirment l'existence d'un lien privilégié entre le roi et Dieu. Le sacre de Reims auquel Jeanne conduit le dauphin est la manifestation directe de cette idée, tout comme l'usage de sa bannière au combat. La capture de la jeune fille, son procès calamiteux et son exécution sur le bûcher n'arrêtent pas la machine de propagande du roi, qui transforme la jeune victime des Bourguignons et de leurs alliés anglais en martyre d'une foi réaffirmée dans la lignée royale française.

Jacques Cœur ensuite, favorise la réorganisation de l'économie publique. Il trouve, grâce à ses manœuvres monétaires, les moyens de financer les conquêtes et place la France au sein d'un réseau d'échanges et d'investissements très actif. Sa disgrâce et sa chute montrent toutefois les limites de la modernisation des pratiques de cour. Monté trop haut, il est brisé pour que chacun puisse se partager une partie des dépouilles de son empire. Et son effondrement vient précisément quand Charles VII considère que l'homme a déjà livré l'essentiel de ses bienfaits.

Richard d'York, enfin, qui combattit en France contre Charles VII, devait lui fournir indirectement le meilleur moyen de stabiliser la reconstruction française, en déclenchant tout simplement la guerre civile outre-Manche. En effet, c'est à la faveur de la guerre des Deux Roses, celle de la maison d'York et celle de la maison de Lancastre, autrement dit d'Henri VI et son clan, que le roi de France peut achever la reconquête et l'unification du territoire, ne laissant plus que Calais à l'Angleterre. Finalement, les trente années d'hostilités intestines anglaises achèvent un conflit de cent ans, dont la phase la plus critique entre 1420 et 1453 était elle-même le résultat de la guerre civile française.

Staline et la grande famine en URSS

1931-1933

Tandis que l'Occident capitaliste s'enfonce dans la Grande Dépression, l'URSS connaît une catastrophe démographique sans précédent : en deux ans (1931-1933), environ 6 millions de personnes, pour l'essentiel des paysans et des éleveurs nomades, meurent de faim, des dizaines de millions de survivants restant marqués à vie par le traumatisme de la famine. Les régions les plus touchées sont le Kazakhstan, où un tiers de la population autochtone (environ 1,5 million de Kazakhs sur 4 millions) meurt de faim, l'Ukraine et les riches plaines céréalières du Caucase du Nord (environ 3,5 millions de morts), les régions de la Volga (1 million de morts).

Aucune catastrophe naturelle n'est à l'origine de ces terribles famines. Elles sont la conséquence directe de la politique de collectivisation forcée des terres et du cheptel lancée par Staline à la fin de l'année 1929. En deux ans, le cheptel soviétique a fondu de moitié (et de 90 % au Kazakhstan, la plus importante région d'élevage du pays) : les éleveurs ont préféré abattre leurs bêtes, plutôt que de les voir dépérir dans les étables collectives improvisées à la va-vite. La production agricole a reculé, tandis que les prélèvements obligatoires, véritables réquisitions, sur les récoltes ont explosé. Avant la collectivisation, les paysans commercialisaient quelque 10 % de leur récolte ; en 1931- 1932, les prélèvements obligatoires pesant sur les fermes collectives dépassent, dans les régions agricoles les plus riches comme l'Ukraine, le Caucase du Nord ou les régions de la Volga, la moitié de la récolte – une récolte inférieure de 20 à 30 % par rapport à la moyenne des années 1920. Des dizaines de millions d'éleveurs et de paysans sont acculés à la famine. Celle-ci débute au Kazakhstan en 1931, avant de gagner les principales régions céréalières l'année suivante.

Staline et son gouvernement sont tenus régulièrement informés, notamment par les rapports envoyés par la police politique, de la dégradation de la « situation alimentaire » dans les campagnes. Impossible cependant, pour Staline, d'avouer publiquement l'ampleur de cette catastrophe : ce serait reconnaître l'échec du « Grand Tournant » qu'il a engagé, contre l'avis d'une partie des dirigeants communistes emmenés par Boukharine. Les prélèvements massifs sur la production agricole, « l'accumulation primitive socialiste » pour employer l'expression utilisée par l'un des plus éminents économistes marxistes de l'époque, sont en effet un élément clé de la politique stalinienne de « modernisation » accélérée du pays : l'exportation massive de céréales doit permettre l'importation d'équipements et de matériel indispensables à l'industrialisation. Aux yeux de Staline, la politique qu'il a engagée est une réussite : au cours du premier plan quinquennal (1928-1932), les exportations de céréales ont été multipliées par 10, la production d'acier et d'électricité par 3. La « construction du socialisme » est en passe d'être accomplie.

Dans cette perspective, les « difficultés alimentaires ponctuelles » – euphémisme utilisé dans les rapports secrets de la police politique et du Parti communiste pour qualifier la famine – ne sont, aux yeux de Staline, qu'un « dommage collatéral ». La famine fera l'objet d'un déni total. La presse est sommée de vanter l'abondance des quelques magasins d'alimentation du centre-ville de Moscou, réservés en réalité à la nomenklatura, la nouvelle élite du Parti : « Au rayon alimentation, on trouve 38 sortes de saucissons différents, dont 20 nouvelles qui n'ont jamais été vendues ailleurs. Au rayon confiserie, on trouvera 200 types de bonbons et de gâteaux différents. Au rayon poissonnerie, le consommateur choisira son poisson vivant, carpe, brème, brochet, carcassin », peut-on lire dans Vecernaia Moskva (« Moscou-Soir »).

Alors que la famine fait rage, Staline exalte, lors du 1er congrès des kolkhoziens de choc qui se tient à Moscou en février 1933, « les immenses succès de la construction du socialisme dans les campagnes ». « Nous avons sauvé, explique-t-il à la tribune, pas moins de 20 millions de paysans pauvres de la ruine et de l'exploitation des koulaks [paysans aisés], nous les avons transformés en kolkhoziens heureux de leur sort ! »

Cependant, mobiliser tout l'appareil de propagande, nier la réalité, ne suffit pas. Comment empêcher les affamés d'affluer vers les villes et les rumeurs sur le cannibalisme de se propager ? Staline décide d'instaurer un véritable blocus, en Ukraine et dans le Caucase du Nord. Les paysans affamés sont confinés dans leur village, la vente des billets de train est suspendue, les routes bloquées par les unités spéciales de la police politique. Pour Staline, la fuite massive des paysans est un complot organisé par les « agents de l'étranger ». Dans sa directive secrète du 22 janvier 1933, il écrit : « Le Comité central a appris qu'un exode massif de "paysans à la recherche de pain" [notons les guillemets] est en cours en Ukraine [...]. Il ne fait aucun doute que ces départs sont sciemment organisés par les ennemis du pouvoir soviétique, notamment par des agents polonais afin de discréditer, par l'intermédiaire de "paysans", le régime soviétique en général et les kolkhozes en particulier. »

Bientôt, cependant, une nouvelle menace pointe, qu'un des hauts responsables communistes résume sans ambages : « Pour qu'à l'avenir la production puisse augmenter conformément aux besoins de l'État prolétarien, nous devons prendre en considération les besoins minimaux des kolkhozes et des kolkhoziens, faute de quoi il n'y aura bientôt plus personne pour semer et assurer le développement de l'agriculture. » Avec une population décimée par la famine, au printemps 1933, la question se pose effectivement en ces termes. Étant donné leur état d'affaiblissement, les kolkhoziens qui ont survécu à la famine parviennent difficilement à reconstituer leur force de travail. « Les rares qui travaillent encore, peut-on lire dans un rapport confidentiel, sont bien incapables de remplir les normes. Par conséquent, ils ne reçoivent presque rien pour leur travail et commencent à gonfler. » Pour remédier au manque dramatique de main-d'œuvre, les autorités mobilisent, *manu militari*, une partie de la population urbaine, réquisitionnée sans ménagement pour les travaux des champs. Voici, sur ce point, le témoignage du consul italien à Kharkov : « La mobilisation des forces citadines pour les travaux des champs a pris des proportions énormes. On estime que cette semaine 20 000 personnes ont été envoyées chaque jour à la campagne pour une période de deux à trois semaines. […] La réquisition des hommes s'apparente à la traite des Noirs. Avant-hier, on a cerné le bazar, pris tous les gens valides, hommes, femmes, adolescents et adolescentes, et on les a emmenés à la gare, encadrés par les agents du Guépéou, et expédiés aux champs. »

Ces mesures ne suffisant pas, le gouvernement débloque quelques aides alimentaires, fort modestes (une dizaine de kilos de céréales par adulte – à peine 3 % de la consommation annuelle moyenne d'un paysan !), pour « stimuler le retour au travail des kolkhoziens et assurer une excellente campagne de semailles ». Ces aides sont destinées à « ceux qui les méritent, c'est-à-dire en priorité, et par ordre, aux tractoristes, aux brigadiers, aux kolkhoziens ayant effectué un nombre important de journées-travail au cours de l'année écoulée, aux familles ayant un membre effectuant son service à l'armée Rouge, à tous les kolkhoziens qui s'engagent à travailler consciencieusement et tiennent, dans les faits, leur engagement ». « Qui ne travaille pas ne mange pas » – quinze ans après avoir été formulé par Lénine, ce principe est mis en pratique par Staline.

Après cette terrible famine, passée sous silence jusqu'à la chute de l'URSS, le régime stalinien décida toutefois de procéder à une légère « correction de la ligne » : il autorisa les kolkhoziens à conserver un petit lopin individuel (inférieur à un demi-hectare) et un micro-élevage (une vache, un porc et quelques volailles). Cette concession était trop modeste pour satisfaire le paysan spolié, mais suffisante pour éviter une nouvelle famine. À la fin des années 1930, les lopins individuels (3 % de la surface ensemencée) fournissaient 45 % de la production agricole totale en valeur ! La famille kolkhozienne tirait de son lopin 80 % de ses revenus, par la vente de quelques « surplus » sur le marché libre.

S'il sauva le paysan d'une nouvelle famine, le principe du lopin individuel mina en profondeur le système kolkhozien. Assuré du minimum vital, le paysan négligea le travail collectif, qui ne lui rapportait quasiment rien. À la violence exercée contre eux, les paysans répondirent en travaillant le moins possible sur une terre qui ne leur appartenait plus. L'État soviétique se trouva ainsi contraint d'administrer un éventail croissant d'activités dont les paysans, de tout temps et dans tous les pays, s'acquittaient eux-mêmes : labours, semailles, moisson, battage… Privés de tout droit, de toute autonomie, les kolkhozes étaient condamnés à la stagnation. Et l'agriculture soviétique à une crise structurelle, dont elle ne devait jamais se remettre.

La grande crise des dictatures arabes

2011-2012

Le monde arabe est entré depuis l'hiver 2010-2011 dans un cycle révolutionnaire de longue durée. Les systèmes autoritaires en place d'un bout à l'autre de la région sont en effet à bout de course : seul un partage substantiel du pouvoir et des ressources peut relancer leur dynamique, mais la plupart des dirigeants préfèrent la confrontation à la moindre concession de substance. Il s'agit d'une crise structurelle qui plonge ses racines dans deux siècles d'histoire arabe.

À partir du XIXe siècle, l'expansion coloniale a touché progressivement l'ensemble du monde arabe, à l'exception majeure du centre de la péninsule Arabique. C'est là que, en opposition à l'Empire ottoman comme à l'ingérence européenne, s'est développée une forme inédite d'alliance entre une tribu bédouine, les Saoud, et un prêcheur d'une extrême intolérance, Abdelwahhab. Ce pacte « wahhabite » a fondé différentes tentatives de construction étatique, jusqu'à l'établissement du royaume du Nejd et du Hejaz, devenu Arabie saoudite en 1932, seule nation du monde dont les ressortissants portent le nom de la dynastie régnante.

Le processus des indépendances arabes s'étale sur un demi-siècle de crises. Il s'ouvre par la reconnaissance formelle de la souveraineté de l'Égypte en 1922, trois ans après un soulèvement populaire contre le « protecteur » britannique.

Cette révolution non-violente présentait de nombreux points communs avec le mouvement parti de la place cairote de Tahrir en janvier 2011. La France, le Royaume-Uni, l'Italie et l'Espagne préféreront désormais écraser dans l'œuf toute contestation civile et affronter des nationalistes armés plutôt que de céder aux revendications indépendantistes. Cette militarisation du nationalisme arabe, depuis la « grande révolte syrienne » de 1925-1926 jusqu'à l'insurrection du Front de libération nationale (FLN) en Algérie, de 1954 à 1962, laisse de profondes séquelles dans les structures et la pratique du pouvoir après les indépendances. En Égypte, l'indépendance en trompe l'œil de 1922 n'est véritablement acquise que trente ans plus tard, avec le coup d'État du Mouvement des officiers libres. Le renversement de la monarchie égyptienne s'accompagne de l'abolition de la vie parlementaire et des libertés publiques qui, malgré leurs limites, avaient marqué la génération précédente.

La militarisation des régimes et son corollaire, le culte d'un chef charismatique, s'accentuent à la faveur des conflits successifs avec Israël. Gamal Abdel Nasser, maître absolu de l'Égypte de 1954 à 1970, assimile toute opposition à un complot « impérialiste ». C'est ainsi qu'islamistes et progressistes sont embastillés par dizaines de milliers sous l'accusation générique d'être des « agents sionistes ». Les services de renseignements, les moukhabarats, deviennent un État dans l'État, détenteur d'un pouvoir de vie ou de mort sur la population.

La fascination pour le modèle léniniste d'organisation partisane et d'encadrement de la population transcende les frontières de la guerre froide dans le monde arabe. Houari Boumediene, dirigeant de l'Algérie de 1965 à 1978, ou Habib Bourguiba, « président à vie » de la Tunisie jusqu'en 1987, ont beau se ranger, pour le premier, dans le camp « socialiste » et, pour le second, dans le bloc « pro-occidental », ils s'appuient tous les deux sur un parti tentaculaire et une police politique implacables envers la dissidence.

C'est d'ailleurs la crise de l'URSS qui provoque les premières failles dans les rangs des autoritarismes arabes, qu'ils soient ou non alliés de Moscou. En octobre 1988, des émeutes sanglantes contraignent le FLN à admettre le multipartisme. Six mois plus tard, des troubles sérieux secouent la Jordanie, obligeant le roi Hussein à convoquer les premières élections libres depuis un quart de siècle. Le scrutin est largement remporté par les Frères musulmans, qui entrent au gouvernement. Mais leur gestion est si calamiteuse qu'ils perdent les élections suivantes, retournant dans l'opposition.

En Algérie au contraire, une junte militaire prend le pouvoir en janvier 1992, « suspendant » un processus électoral trop favorable aux islamistes. Le pays plonge dans une décennie d'effroyable violence, dont le cercle dirigeant sort plus ou moins conforté. De manière générale, cette décennie 90 voit les différentes expériences d'ouverture politique tourner court dans le monde arabe, car les régimes en place mettent en avant le « péril » islamiste pour refuser toute remise en cause de l'hégémonie du parti dominant et de l'arbitraire de la police politique.

La seule transition effective est, au tournant du XXe siècle, le transfert dynastique du pouvoir d'une génération à la suivante, du fait du décès naturel du dirigeant. En 1999, Abdallah II succède à son père sur le trône de Jordanie, avant que Mohammed VI n'assume, dans les mêmes conditions, le pouvoir suprême au Maroc. Le principe monarchique a garanti dans un cas comme dans l'autre la fluidité du processus. Plus troublante est l'accession de Bachar al-Assad à la présidence syrienne, lors de la disparition de son père, en juin 2000.

Un modèle de « république héréditaire », inédit dans le monde arabe, mais directement inspiré de la Corée du Nord, fait peu à peu des émules, bien au-delà de la Syrie des Assad. Muammar Kadhafi, à la tête de la Libye depuis 1969, promeut ostensiblement son fils Saïf al-Islam ; Hosni Moubarak, président de l'Égypte depuis 1981, met en avant son fils Gamal ; et même Ali Abdallah Saleh, maître du Yémen unifié depuis 1990 (et du Yémen du Nord depuis 1978), semble caresser des visées dynastiques.

Cette génération montante d'héritiers, nés au pouvoir, consolide ses propres réseaux clientélistes à la faveur de la « libéralisation » de l'économie, qui permet d'en allouer les secteurs les plus profitables aux partenaires et intimes. C'est ainsi que Rami Makhlouf, cousin du chef de l'État syrien, amasse une fortune colossale sur les ruines du « socialisme arabe », cher au défunt père de Bachar al-Assad. Tous ces despotes « new-look » vouent une admiration sans bornes à un modèle chinois assimilé, à leurs yeux, à la combinaison idéale entre le capitalisme sauvage et l'État policier.

La « guerre globale contre la terreur », lancée par l'administration Bush après les attentats du 11 septembre 2001, sert formidablement les autocrates arabes. Ils assimilent toute forme de contestation à leur encontre à la subversion d'Al-Qaida et ils accueillent volontiers les « trous noirs » de la toile antiterroriste, sous-traitant pour les États-Unis détentions et tortures de « suspects », au sens le plus large.

L'invasion américaine de l'Irak, en mars 2003, conforte encore plus ce syndicat des dictateurs, qui peuvent jouer sur la fibre nationaliste pour s'opposer aux (timides) pressions occidentales en faveur de la « démocratisation ». La démolition de l'État irakien par les diktats des États-Unis précipite le pays dans la guerre civile. Un tel désastre est agité comme un épouvantail par les despotes arabes dans le registre éprouvé du « moi ou le chaos ».

C'est ce contexte géopolitique qui explique l'exceptionnelle longévité des dictatures arabes, et non une supposée « exception » arabe en matière démocratique. Tout au contraire, les militants arabes des droits de l'homme et les opposants politiques paient un prix exorbitant à la répression menée par les moukhabarats, sans pour autant renoncer à leur combat pour les libertés. Cette mobilisation citoyenne permet de comprendre comment la dynamique partie de Tunisie au tout début de l'hiver 2010-2011 a pu avoir des retombées dans toute la région.

Les mouvements révolutionnaires ont rapidement obtenu le renversement du despote à Tunis et au Caire. La Tunisie s'est engagée dans le processus d'établissement d'une IIe République, avec élection d'une assemblée constituante en octobre 2011. L'Égypte, en revanche, a perdu dix-huit mois sous la direction d'un Conseil suprême des forces armées (CSFA), qui s'est incliné, en août 2012, face à la légitimité démocratique du président, issu des Frères musulmans. Mais, en Tunisie comme en Égypte, les islamistes et leurs opposants s'affrontent sur les nouvelles règles constitutionnelles.

Cette laborieuse refondation du pacte politique est encore plus délicate en Libye, où toute activité même associative a été bannie durant les quarante-deux années du régime Kadhafi. Les huit mois de guerre civile ont également généré un lourd passif d'arbitraires miliciens et de vendettas tribales. Un Congrès général national a bien été élu en juillet 2012, mais des tractations complexes retardent le lancement du processus constitutionnel. Au Yémen, Ali Abdallah Saleh s'est finalement retiré en février 2012, mais le parti et les proches de l'ancien président continuent de peser sur la vie politique. Le seul exemple de contre-révolution réussie est pour l'heure Bahreïn, où la répression de la contestation populaire a bénéficié du soutien de l'Arabie, en mars 2011. Le régime de Bachar al-Assad n'a, pour sa part, jamais cessé de reculer face à une protestation contrainte, au bout de longs mois, de se militariser. Ce passage, progressif et imposé, de la résistance civile à l'insurrection armée affaiblit la capacité d'attraction de la mouvance révolutionnaire, notamment auprès des minorités, même si cela ne fait que retarder l'inévitable chute de la maison Assad.

La sortie de l'état de crise généré par les dictatures déclinantes, dans le monde arabe, est compliquée par trois considérations internationales.

– La compétition entre la Turquie, qui mise sur la nouvelle donne postrévolutionnaire, l'Iran, qui s'est engagé sans réserve aux côtés de la dictature syrienne, et Israël, qui s'accommoderait d'un improbable retour à la relative stabilité des régimes antérieurs.

– La crise de l'Union européenne, qui la rend incapable de soutenir, de manière substantielle, les transitions démocratiques au sud de la Méditerranée (sans même songer à un engagement à la mesure de celui consenti après la chute de l'URSS).

– Le cours du pétrole, avec un baril à plus de 100 dollars, qui permet d'acheter la paix sociale dans les pays producteurs, résolus à refuser toute réforme de fond, tout en favorisant les transferts financiers au bénéfice des mouvements islamistes les mieux introduits dans le Golfe.

Ces considérations aggravent les défis que les nouvelles équipes ont à relever après des décennies d'arbitraire et de corruption. Les démocraties en devenir dans le monde arabe ont cependant pour elles des atouts importants, au premier rang desquels une jeunesse éduquée et patriote, ainsi qu'une fonction publique compétente et, souvent, intègre. Les entrepreneurs tunisiens ou syriens n'ont rien à envier à leurs homologues occidentaux en matière de talent et d'inventivité. Et les milliards aujourd'hui stérilisés à l'étranger pourraient accélérer un développement enfin intégré.

Le pire héritage des dictatures arabes réside cependant dans l'islamisation des sociétés, encouragée pour y étouffer la contestation politique. Les salafistes qui émergent partout prolongent bel et bien le combat des despotes contre l'expression démocratique. L'État de droit doit trouver les moyens de neutraliser cette menace, sans faiblesse ni excès. Les manifestants de Benghazi, rassemblés en septembre 2012 pour expulser les jihadistes hors du berceau de la révolution libyenne, l'ont scandé avec ferveur : *« Le sang des martyrs ne doit pas avoir été versé en vain. »*

III

LES CRISES MORALES

La chute de Mexico

1521

Le 13 août 1521, Mexico-Tenochtitlan tombait aux mains des conquistadors espagnols. La chute de la ville mit un terme sanglant à l'hégémonie aztèque sur le centre du Mexique. Cet épisode militaire se situait au cœur d'une crise qui frappait de plein fouet les sociétés indigènes. Les anciens États disparaissaient, les premières épidémies venues d'Europe ravageaient la population. Confrontés à des matériaux inconnus comme l'acier, le fer, mais aussi à des techniques nouvelles, dont la navigation à voile, la roue, les armes à feu, et à des pratiques guerrières et religieuses qu'ils avaient toutes les peines à décrypter, les Indiens découvraient une humanité dotée d'un pouvoir de destruction extraordinaire.

Abordé en 1517 et absorbé en quelques années, le Mexique indien subit le choc de la mondialisation ibérique. Par les ports ouverts sur le golfe du Mexique, *via* Cuba, Santo Domingo (Saint-Domingue) et les autres îles des Caraïbes, voilà la contrée brutalement raccordée à l'Atlantique Nord, à une Espagne conquérante et prédatrice, mais aussi à une Europe des navigateurs, des marchands, des missionnaires, qui se lançaient sur les mers et sur les océans. Rappelons que la conquête du Mexique fut le pendant espagnol d'un projet portugais de conquête de la Chine et que le tour du monde de Magellan et Elcano démarra en 1519 pour s'achever en 1522.

Les envahisseurs redoutaient une réplique de la catastrophe qui s'était abattue sur les îles des Caraïbes : avec l'arrivée de Christophe Colomb, le choc avait été si brutal que la plupart des populations avaient disparu et qu'assez tôt l'économie coloniale, faute de main-d'œuvre indigène et d'or à ramasser, s'était effondrée. L'histoire ne se répète pas toujours. Au Mexique, elle n'allait pas bégayer.

Deux sorties de crise furent envisagées par les colonisateurs et les colonisés. L'une supposait un retour de flamme : les Indiens se seraient débarrassés des occupants en les massacrant ou en les repoussant à la mer. Toutes les tentatives indigènes avortèrent. L'autre pouvait apparaître comme une tâche incommensurable : édifier une société coloniale, c'est-à-dire un ensemble de relations sociales, politiques et économiques assurant un *modus vivendi* entre toutes les populations et garantissant à la couronne l'exploitation durable des ressources de la terre conquise. Or, il n'avait jamais existé dans le Nouveau Monde de société de ce type. Les essais dans les îles des Caraïbes et dans le Darien (à cheval sur le Panama et la Colombie) avaient porté sur des groupes réduits, peu ou pas urbanisés. Mais comment contrôler une population qui se chiffrait par millions et des villes dont la plus importante, Mexico, atteignait plusieurs centaines de milliers d'habitants au moment de la conquête ? Les Espagnols ne disposaient donc d'aucun modèle, d'aucune expérience, et la plupart d'entre eux n'avaient jamais imaginé avoir à s'implanter localement et à gérer des sociétés aussi complexes. Beaucoup même caressaient l'espoir de revenir au plus tôt dans les îles ou en Espagne une fois le butin ramassé. Au mieux, l'épuisement rapide des ressources et la décimation des populations locales finiraient, croyait-on, par les diriger vers d'autres horizons – comme ce fut le cas pour ceux qui se précipitèrent au Pérou quelques années plus tard.

Qui, dans ces conditions, était en mesure de faire du neuf ou de réparer ce qui pouvait l'être ? Trois forces contribuèrent à redresser la situation : l'imagination politique d'Hernan Cortés, le dynamisme des premiers missionnaires franciscains et le réalisme des élites indigènes engagées dans la collaboration avec le vainqueur. Ces trois forces eurent à endiguer le chaos qui ébranla le monde indigène et à contenir l'anarchie qui, à tout moment, pouvait anéantir les acquis des vainqueurs. Pour sortir de la crise politique, il fallait rallier au pouvoir colonial les élites autochtones qui monnayaient ainsi leur survie et leurs privilèges. La collaboration indigène apporterait une légitimité à la nouvelle administration et à son tour l'appui des conquistadors servirait des ambitions locales qui profiteraient de la crise pour éliminer des rivaux ou réoccuper des positions naguère perdues. Cortés, qui décida de baptiser le Mexique « Nouvelle Espagne » et de lui donner Mexico pour capitale, mit son prestige, ses réseaux et ses énormes richesses dans la balance.

Mais ni le conquérant – lointaine réplique du Prince de Machiavel –, ni les notables indiens ralliés à l'Espagne ne détenaient à eux seuls les moyens de rafistoler le « filet déchiré », la formule indienne pour désigner la crise. La solution ne pouvait pas être exclusivement politique et ce fut là que l'Église des missionnaires assuma un rôle décisif. Le démantèlement des cultes anciens qui n'étaient plus célébrés faute de moyens et de liberté et l'échec des puissances surnaturelles qui n'avaient pas réussi à protéger les Indiens créaient un formidable appel d'air métaphysique. Les missionnaires imposaient un nouveau dieu à l'efficacité surprenante, ils introduisaient de nouveaux rites pour remplacer les anciens ; ils apportaient de stupéfiantes images divines. L'Église avait aussi d'autres cartes en main. L'action missionnaire s'accompagnait de toutes sortes d'initiatives pédagogiques et techniques. Les moines enseignaient aux Indiens à lire, à écrire, à chanter du grégorien, mais également à forger le fer et à manier les nouveaux métiers à tisser. Surtout, l'Église retissait autour des monastères, des villes et des élites converties une vie sociale qui redonnait du sens et des buts à l'existence quotidienne.

Il fallut du temps pour sortir de la crise : jusque vers 1540, les Espagnols ont pu craindre un retournement de la situation en faveur des Indiens. Enfin, les efforts conjugués de Cortés, des moines et des élites locales n'eurent pas suffi si un autre processus ne s'était lentement mais irrésistiblement mis en branle : les métissages des êtres et des sociétés. Les Européens s'américanisaient et s'accommodaient au monde nouveau qu'ils avaient choisi, les Indiens s'occidentalisaient et apprenaient à coexister avec leurs vainqueurs. À l'origine et idéalement, la société coloniale avait été conçue comme la juxtaposition de deux communautés, de deux « républiques ». Dans les faits, les frontières ne furent jamais étanches et c'est le métissage quotidien qui rendit possible la jointure entre les mondes. La domination espagnole perdura jusqu'au début du XIXe siècle. Mais la crise du XVIe siècle avait accouché d'un modèle d'avenir de société et de civilisation, l'Amérique latine.

Le « grand bond » vers le capitalisme en Chine

1979

En décembre 1978, lors de la 11e session plénière du comité central du Parti communiste chinois, Deng Xiaoping se laisse longuement ovationner par les délégués. Un sourire timide aux lèvres, il devient officiellement le nouveau maître de la Chine. Depuis plusieurs années, il travaillait à la prise en main du pays, gagnant successivement les comités du Parti, puis la fameuse commission de défense qui le plaçait au sommet de l'armée. Désormais, il pouvait prendre la pleine mesure de la crise chinoise. Car, après les guerres de l'opium au XIXe siècle, l'empire du Milieu n'a connu qu'une longue dégringolade. Colonisation, éclatement du territoire, occupation japonaise, libération puis guerre civile contre les nationalistes et, finalement, triomphe des communistes en 1949. Depuis, l'incurie des dirigeants a plongé le pays dans la grande famine qui fit 36 millions de morts entre

1958 et 1962, puis entraîné, sous l'impulsion de Mao, une complète désorganisation et des déplacements forcés de population pendant la Révolution culturelle.

À l'heure où Deng Xiaoping prend le pouvoir, la Chine traverse une véritable crise morale au sens où l'on cesse de travailler quand les gardes-chiourme sont absents, où tous les trafics se développent et où le pays n'a plus ni la force ni la volonté de se défendre contre les éléments. Encore récemment, en 1975, un train entier a disparu dans les inondations de l'Anhui et, en 1976, le tremblement de terre de Tianjin a fait plusieurs centaines de milliers de morts mais, tout à sa fierté, le gouvernement chinois a refusé l'aide internationale ! Et si Canton gagne tous les championnats de natation, c'est que chacun se prépare à s'évader à la nage vers Hongkong…

Dans la tradition, un seul événement peut rétablir l'espoir : le décès de l'empereur, s'il est remplacé par un homme énergique. Or, ce qui se passe après la mort de Mao est mieux encore : outre Deng Xiaoping, lui-même disgracié par Mao, c'est la plupart des grands anciens qui reviennent d'exil, en particulier Chen Yun et Peng Zhen, disculpés de leur longue participation aux excès maoïstes pour les souffrances qu'ils ont subies durant la Révolution culturelle.

Ce qui va faire de l'espoir une obéissance et de celle-là une rage de travailler, ce sont, plus que les nouveaux slogans, les deux gestes que Deng Xiaoping accomplit très vite. En effet, à peine a-t-il publié son programme bien abstrait des « quatre modernisations » qu'il augmente de 20 % les salaires ouvriers et de 50 % le prix d'achat par l'État des céréales, ce qui est extraordinaire dans un pays où les neuf dixièmes de la population vivent encore à la campagne. Ce n'est pas tout : l'État laisse voir qu'il n'a rien contre le démantèlement des communes populaires de triste réputation, rien non plus contre l'apparition dans les campagnes d'un petit artisanat rural privé qui diffuse le goût de l'entreprise, le long des routes d'abord, puis dans des usines dont la taille et l'activité n'a cessé de grandir jusqu'à nos jours.

Deng Xiaoping dirige un projet à double sens. Il ne veut pas seulement faire comprendre à la population qu'elle a intérêt à travailler car elle en tirera profit, il veut aussi lui signifier qu'elle ne doit pas s'occuper de politique. Il frappe donc d'une solide répression, à partir du printemps 1979, la contestation démocratique dirigée par Wei Jingsheng, un mouvement en lui-même peu dangereux et très minoritaire, mais qui aurait pu tirer profit de troubles sociaux. Parallèlement, les autorités locales se renforcent, comme en rend admirablement compte le film de Zhang Yimou *Qiu Ju, une femme chinoise*. Cette fiction raconte l'histoire d'une paysanne (jouée par Gong Li) qui proteste en vain contre les mauvais traitements infligés à son mari. Or, précisément dans cette période, le vieux Peng Zhen, trop content d'être revenu aux affaires, édifie un système juridique moins injuste qu'autrefois mais extraordinairement sévère. Dès 1983, ses adjoints déclenchent dans tout le pays une campagne contre la « pollution spirituelle ». Des arrestations massives visent les jeunes qui imitent les modes occidentales et les femmes dont les vêtements paraissent trop courts.

Les Chinois, surtout les paysans, n'étaient pas hostiles à des mesures d'ordre. Suivant des principes très anciens, ils admettaient que les cadres du Parti profitent eux aussi du nouveau climat. Si bien que les rapports hiérarchiques se recomposent dans les villages. Les brutalités laissent la place à une corruption qui passe pour un facteur de stabilité. Entre le pouvoir et la population s'impose une sorte d'accord tacite : aux uns, la direction de tout ce qui compte, aux autres, le droit de travailler pour le pays et aussi pour leur survie, voire parfois leur enrichissement.

Ce contrat sauve en quelques années de la famine les campagnes qui se mettent sur la voie, encore balbutiante au début des années 1980, du développement. Les hésitations du Parti communiste chinois et la turbulence de la jeunesse rendront plus difficile son application dans les villes, où il est finalement scellé dans le sang au printemps 1989, par la répression des étudiants de la place Tian'anmen. Ensuite, l'industrie démarre ses exportations conquérantes grâce à l'ouverture à l'étranger du début des années 90, puis l'entrée à l'OMC en 2001. Ses conditions de rentabilité en font une arme triomphale.

Mais l'essentiel s'est noué ce jour de 1979, quand Deng Xiaoping a su, par une promesse crédible, faire naître la confiance, d'abord au sein des cadres du mouvement communiste, puis grâce à ses services de propagande dans la population. Désormais, la discipline politique retrouvait sa légitimité, l'autorité était notable, et la mise au travail de tous, possible. La croissance de l'économie fut immédiate. Une nouvelle divinité émergeait en terre communiste : l'argent.

Sortir de l'apartheid

1949-1992

Le 20 avril 1964, devant la Cour suprême d'Afrique du Sud, à Pretoria, un grand homme noir s'apprête à prendre la parole. C'est un avocat, longtemps installé à Johannesburg, mais entré dans la clandestinité depuis deux ans. Il est accusé de haute trahison et d'avoir comploté contre l'État, les armes à la main. Nelson Mandela, âgé de 46 ans, est devenu une vedette en quelques semaines, à mesure que les journaux et les radios du monde entier ont rendu compte de son procès. En pleine période de décolonisation, beaucoup pensent que son combat ne diffère pas de celui des autres nations du continent parvenues à l'indépendance. Mais le plaidoyer de l'homme du jour, avant que la cour ne rende son verdict, résonne autrement : « J'ai combattu la domination blanche et j'ai combattu la domination noire. J'ai prôné un idéal de société libre et démocratique, dans laquelle toutes les personnes vivraient ensemble en harmonie avec les mêmes opportunités. C'est un idéal pour lequel j'espère vivre et agir. Mais c'est un idéal pour lequel, si c'est nécessaire, je suis prêt à mourir. » À ses camarades de combat, il a expliqué que l'apartheid corrompt aussi bien l'esprit des dominants que celui des dominés. Tous doivent se libérer de ce cancer raciste afin de bâtir une société unie, sans distinction ethnique.

Car le gouvernement sud-africain est devenu officiellement raciste en 1949, avec l'adoption de l'apartheid, un ensemble de lois de ségrégation entre de grandes catégories prédéfinies de population : les Blancs, les métis, les Indiens et les Noirs. Même les Chinois et les Malais ont un statut spécifique. Chaque groupe doit avoir son territoire et ils ne doivent pas se marier entre eux. Pour cette raison, des zones administratives noires ont été créées et, pour entrer dans un secteur blanc, les habitants doivent posséder une autorisation expresse. Sur leur propre terre ancestrale, les Zoulous et les Xhosas, l'ethnie dont Mandela est originaire, sont donc parqués. Cette situation les conduit, dès 1950, à mener une contestation d'abord pacifique, puis violente à partir de 1961. Leur parti, l'African National Congress (ANC), se dote d'une organisation armée qui effectue des attentats à la bombe, sans viser de civils.

À la crise raciste s'ajoute désormais un conflit politique auquel le gouvernement sud-africain, dominé par les Afrikaners, ces descendants des colons hollandais installés depuis le XVIIe siècle dans le pays, répond par la force. Pour eux, pas question de quitter l'Afrique. Ils y sont nés et n'entendent pas partager leur richesse ou leur droit avec les cafres, autrement dit les Nègres. Ils prônent la séparation la plus stricte et la création d'États autonomes pour les Noirs, les Bantous, et la répression la plus sévère. Ils sont déçus quand le verdict de prison à perpétuité tombe contre Mandela et ses compagnons. Ils auraient voulu les voir morts. De fait, la répression est brutale. L'ANC est interdit, et ses membres sont arrêtés et envoyés dans le pénitencier spécial, sur l'île de Robben Island, où ils sont maltraités. Leur armée réfugiée à l'étranger est battue militairement. Dans le contexte de la guerre froide, l'Afrique du Sud bénéficie de la complaisance occidentale, car il faut empêcher le communisme de prendre pied en Afrique australe, au Mozambique, en Angola, en Rhodésie ou en Namibie. La deuxième femme de Nelson Mandela, Winnie, fait les frais de l'agressivité des services de sécurité. Enfermée, frappée puis assignée à résidence loin de sa famille, elle connaît des années douloureuses, mais reste active.

La solution policière échoue à rétablir durablement le calme. D'autres organisations plus radicales que l'ANC se dressent alors, comme le Congrès panafricain (PAC) et le Mouvement de conscience noire de Steve Biko. Ce dernier organise des grèves d'étudiants et de lycéens à Soweto, un ghetto noir proche de Johannesburg, contre l'enseignement de l'afrikaans, la langue dérivée du flamand, dans les écoles. Une manifestation pacifique des jeunes, le 16 juin 1976, est réprimée par des tirs à balles réelles : 23 adolescents meurent, 220 sont blessés. Face à la violence policière et militaire, le Conseil de sécurité de l'ONU prend l'initiative d'un premier embargo sur les armes, en 1977. Puis d'un autre, économique et financier, en 1984, année où, de surcroît, Mgr Desmond Tutu reçoit le prix Nobel de la paix.

Sous pression, le gouvernement tente de crédibiliser les mouvements noirs qui acceptent sur place de tenter une cogestion et d'avancer dans un processus d'évolution du régime. C'est le cas du parti nationaliste Inkatha (IFP), dirigé par le prince zoulou Buthelezi qui, bien que proche de l'ANC à sa création, en 1975, s'en est éloigné pour rester non violent. Il rejoint bientôt le Front démocratique uni (UDF), qui rassemble tous les adversaires de l'apartheid, y compris les mouvements religieux, notamment les catholiques désireux d'accueillir ensemble tous les fidèles, sans distinction de race.

La pression internationale et l'affermissement de l'opposition interne s'accompagnent aussi d'une mobilisation autour de Nelson Mandela qui, depuis le début des années 1980, est le plus vieux détenu politique au monde. Si bien que, devant la menace de nouvelles sanctions et la politique d'ouverture de

Mikhaïl Gorbatchev, les tenants de l'Afrique du Sud blanche tentent une manœuvre de la dernière chance : libérer Mandela en lui imposant des conditions de négociation. C'est du moins la stratégie initiale du nouveau président de la République d'Afrique du Sud, Frederik De Klerk, élu en 1989. Or, le vieux leader noir refuse une quelconque reculade. Il réclame toujours la mise en place d'un régime politique reposant sur le principe « un homme, une voix ». Finalement, De Klerk accepte de légaliser l'ANC et libère Mandela le 11 février 1990. Il faut encore deux ans de négociation, la répression sévère de l'extrême droite qui n'hésite pas à commettre des attentats, pour que De Klerk pousse les Blancs à voter la fin du régime d'apartheid en 1992, par une majorité de 68 % des électeurs. Une guerre civile entre militants de l'ANC et de l'IFP éclate alors et pèse sur les négociations générales nécessaires à l'émergence d'une nouvelle Afrique du Sud, la nation arc-en-ciel.

Finalement, la crise raciste de l'Afrique du Sud aura duré près d'un demi-siècle et s'achève sur l'élection, en 1994, de Nelson Mandela, un Noir, à la présidence d'un pays où les Blancs sont restés, fiers de détenir encore la puissance économique. Sa présidence de réconciliation permet de cautériser les plaies ouvertes par les violences de l'apartheid.

Les chemins des indépendances

1949-1962

Le « “bon Nègre” est mort », écrivait, en 1945, Léopold Sédar-Senghor dans un article de la revue *Esprit.* Ayant payé l'impôt du sang, bravement et loyalement, de Verdun à Montecassino, pendant la Première Guerre mondiale comme pendant la Seconde, les colonisés maghrébins, africains, malgaches, antillais, indochinois, kanaks se rappelaient donc, dès 1945, au « bon souvenir » d'une métropole coloniale qu'ils avaient d'ailleurs largement contribué à libérer.

Le 2 juin 1944, l'importance cruciale du monde colonial dans la reconquête française est actée, fort symboliquement, par le fait que le Gouvernement provisoire de la République française (GPRF) est fondé à Alger, alors troisième ville de France, et capitale de l'Algérie française. Stratégiquement, politiquement, économiquement et humainement, l'empire s'impose comme un élément fondamental de la

« renaissance » française. Mais cette place chèrement gagnée conduit aussi les colonisés à formuler de nouvelles exigences quant à leur (future) souveraineté. Face à ces multiples revendications de liberté venant de l'ensemble de l'empire colonial français, des rizières du Tonkin aux djebels algériens, qu'allait faire la France redevenue libre ? Hantée par le spectre de l'occupation allemande et de la collaboration d'État, diminuée en Europe et dans le monde par l'écrasement de son armée en 1940, la perte de son prestige, et son honneur national bafoué, cette dernière, même auréolée par les actions glorieuses de ses résistant(e)s français(e)s et immigré(e)s, avait-elle, en 1945, les moyens de se « passer » de son empire colonial et de s'engager dans un processus de décolonisation qui allait pourtant dans le sens de l'histoire ?

Profitant d'un contexte international nouveau, celui de la guerre froide, qui voit un retournement complet de la politique anticoloniale des États-Unis au profit de ses alliés européens et impérialistes, la France de la IVe République fait, *a contrario,* le choix de retarder au maximum le processus de décolonisation, en menant, dans son empire, une politique de la « demi-solution » qui ne pouvait satisfaire personne. Celle-ci consiste d'abord à réprimer, dans le sang, les « insurrections de la liberté » qui fleurissent, un peu partout dans le monde colonial, comme en Algérie, en 1945, à Madagascar, en 1947, ou encore au Cameroun français, en 1948. Elle vise, ensuite, à une réorganisation politique et morale de l'empire, fondée sur la création de l'Union française, créée par la Constitution du 27 octobre 1946, qui forme les départements et territoires d'outre-mer. Dans ces derniers, le code de l'indigénat est alors abrogé (loi Lamine Guèye du 7 mai 1946). Elle repose enfin sur une supposée démocratisation politique qui interdit pourtant, du fait de l'existence du système des deux collèges, une participation réelle des colonisés à la gestion de leurs pays. De ce fait, on comprend bien pourquoi la politique coloniale de la IVe République, en « demi-teinte » et de « demi-mesures », ne peut résister à la vague de fond anticoloniale qui secoue alors le monde et fait imploser, un à un, tous les États coloniaux européens.

Dès 1946 d'ailleurs, cette politique montre ses limites puisque la France est « obligée » de s'engager, en Indochine, dans une guerre de décolonisation qui écorne un peu plus son image de « nation des droits de l'Homme ». La guerre d'Indochine est en effet la négation du principe international, acté en 1941 par la charte de l'Atlantique et confirmé par l'Organisation des nations unies en 1945, du droit des peuples à disposer d'eux-mêmes : les Vietnamiens ayant constitué à Hanoi, dès le 2 septembre 1945 sous l'impulsion de leur président, Hô Chi Minh, la République démocratique du Vietnam. Mais c'est aussi, de manière encore plus problématique, une guerre qui (re)met à mal, quelques années seulement après la collaboration de l'État français avec les nazis et sa participation à la déportation et à l'extermination des juifs d'Europe, les principes fondateurs de liberté, d'égalité et de fraternité de la France. En Indochine, en effet, sont employés, pour la première fois, les « moyens exceptionnels » de la guerre d'Algérie : torture des opposantes et des opposants politiques, emprisonnements et exécutions arbitraires, bagnes coloniaux – tel Poulo Condor où croupissent les membres du Vietminh –, déportations de populations civiles, utilisation du napalm… La liste des errements tragiques de la France en Indochine est longue. Quand cette dernière signe finalement les accords de Genève, le 20 juillet 1954, après la désastreuse défaite de Dien Bien Phu, que reste-t-il des vains espoirs de préserver un empire colonial moribond ? Prophétiquement, Léopold Sédar-Senghor, dans son article de 1945, écrivait : « La IVe République sera l'héritière des Ire et IIe Républiques, et elle sera révolutionnaire en libérant tous les “colonisés”, quels qu'ils soient ; ou bien elle sera, comme la IIIe, capitaliste, impérialiste et “occupante”, et la révolution risque de se faire sans elle. »

De fait, la révolution éclate ailleurs dès le milieu des années 1950. Elle sera tiers-mondiste, après le choc de Bandung en 1955, panarabe au moment de la crise de Suez, en 1956, panafricaine au Ghana, sous la houlette de Kwame Nkrumah, en 1957, ou au Congo sous celle de Patrice Lumumba en 1961… Elle sera aussi et surtout, pour la France, algérienne. Dès le déclenchement de la guerre d'Algérie par le Front de libération nationale (FLN), le 1er novembre 1954, la France se trouve en effet confrontée à une crise politique et morale sans précédent depuis la fin de la Seconde Guerre mondiale. Car l'Algérie, depuis la départementalisation promulguée par la IIe République, en 1848, c'est la France ; nulle part ailleurs dans l'Empire français n'y fut d'ailleurs défendu avec tant de force le principe de la République « une et indivisible ». De 1954 à 1958, quatre années d'une « guerre sans nom » se succèdent, d'une « sale guerre » que la France mène pourtant tambour battant, sur fond de torture, de viols, de « corvées de bois »… Quatre années marquées par de nombreux scandales, telles la dénonciation de la torture pendant la bataille d'Alger (janvier-octobre 1957), puis l'affaire Maurice Audin ou encore la censure qui, tout en alimentant une guerre d'opinion de forte intensité, dans laquelle s'illustrent de grands intellectuels tel Jean-Paul Sartre, conduisent à l'agonie la IVe République, aussi minée, de l'intérieur, par l'instabilité gouvernementale.

Revenu au pouvoir à la faveur de la « crise algérienne » du 13 mai 1958, Charles de Gaulle – l'homme providentiel de 1940 – est supposé sortir la France de ce « bourbier ». Après la proclamation de la Ve République, le 4 octobre 1958, la France s'engage avec lui, par étapes, vers la décolonisation de l'Algérie française. Initialement, la réalité de la guerre d'Algérie n'est guère différente sous la Ve République de celle de la IVe, comme en témoignent notamment l'affaire Djamila Boupacha et le massacre des Algériens, à Paris, le 17 octobre 1961. Mais l'internationalisation du conflit, à partir de 1958, et le basculement progressif de l'opinion publique française permettent au général de Gaulle de mener la France sur le chemin de la reconnaissance de l'indépendance algérienne. Dès son discours sur l'autodétermination de l'Algérie, le 16 septembre 1959, le processus est engagé : rien ne permettra plus désormais de l'arrêter. Ni le putsch des généraux, le 23 avril 1961, ni les actions de plus en plus violentes, en France comme en Algérie, de l'OAS, à l'image de l'attentat du Petit-Clamart le 22 août 1962, n'y parviennent. Démarrées le 20 mai 1961, les négociations d'Évian seront fort longues : l'accord n'étant finalement signé, entre les représentants des deux pays, que le 18 mars 1962. S'ils sonnent bien le glas d'un Empire colonial français qui avait justement commencé au XIXe siècle par la prise d'Alger, le 5 juillet 1830, les accords d'Évian n'en préservent pas moins, dans leurs clauses secrètes, ses intérêts économiques (le pétrole) et stratégiques (les essais nucléaires) pendant encore cinq ans, c'est-à-dire jusqu'en 1967.

En 1962, la France qui sort de la guerre d'Algérie pourrait donc apparaître comme KO debout. Pourtant, à y regarder de plus près, le tournant négocié par le général de Gaulle est loin de lui être défavorable. Bénéficiant d'une conjoncture générale qui lui est plus propice, la France a su d'abord renégocier sa place en Europe à travers la constitution du couple franco-allemand, incarné alors par le binôme de Gaulle-Adenauer, au cœur d'une construction européenne qui s'affirme, depuis le début des années 1950, comme le meilleur garant de la paix en Europe et de sa stabilité politique, économique et sociale. Les succès de l'aéronautique, les innovations ménagères, la télévision et le redéploiement culturel vers la francophonie ont adouci la transition vers un monde où le confort est devenu une valeur plus sûre que la domination. De surcroît, la France a su aussi repenser son rôle à l'échelle internationale, s'imposant comme une puissance nucléaire de premier plan, dès 1960, et comme une alliée critique du bloc de l'Ouest – le général de Gaulle n'hésitant pas à s'opposer aux États-Unis pour maintenir l'indépendance, le rang et le prestige du pays, comme le montre la crise de l'Otan en 1966.

Elle a su enfin se constituer, au travers d'indépendances négociées de manière bilatérale avec presque toutes ses anciennes colonies d'Afrique subsaharienne, un glacis protecteur de « pays amis » au service de sa politique nationale et internationale. Car, si on excepte la rupture avec la Guinée de Sékou

Touré en 1958, et celle du Cameroun français, où est menée, entre 1955 et 1960, une troisième guerre de décolonisation, tous les pays d'Afrique subsaharienne ont connu une indépendance négociée, c'est-à-dire contrôlée. De cette indépendance négociée, que Félix Houphouët-Boigny, président de la Côte-d'Ivoire de 1960 à sa mort en 1993 et « grand ami de la France », résumait en ces termes après Pierre Mendès France : « l'indépendance dans l'interdépendance », il résulte la création d'un système françafricain qui a été, jusqu'à la chute du mur de Berlin, en 1989, inébranlé. Il faudra en effet attendre les désastreuses interventions françaises au Rwanda, en 1994, et en Côte-d'Ivoire, en 2002, pour que la Françafrique soit enfin remise en cause. On le voit cependant, la crise du système colonial et son démantèlement ont donc été plutôt bien « gérés », du point de vue des intérêts de la France, par le général de Gaulle, et les hommes qui l'accompagnent, dont son « M. Afrique », Jacques Foccart. Quant aux intérêts de la majorité des populations anciennement colonisées, au Maghreb, en Afrique et ailleurs – et notamment dans les DOM-TOM, ces « poussières d'empire » incorporées, depuis 1946, à la République –, ils ont été, le plus souvent, considérés comme secondaires au regard de la grande œuvre qui consistait à restaurer la grandeur, le prestige et la voix de la France dans le monde. Aujourd'hui, pourtant, c'est encore l'outre-mer qui maintient le flambeau français à l'échelle mondiale.

IV

LES CRISES RELIGIEUSES

L'avènement de Mahomet

VIe-Xe siècle

La grande digue de Ma'rib était plus profitable qu'une oasis. Cette magnifique structure, située près de l'ancienne capitale du royaume de Saba, était vieille de plusieurs siècles. Elle irriguait des jardins et des vergers qui avaient fait les délices et la réputation des royaumes alentour. Mais, entre 570 et 575, affaiblie par plusieurs brèches, elle s'écroule définitivement. Aucun pouvoir n'a été assez riche ou puissant pour l'entretenir ou la réparer. Sa destruction, évoquée dans le Coran (XXXIV/15-16), symbolise et accélère la ruine de toute la région.

Les États stables qui contrôlaient la majeure partie de l'Arabie s'effondrent alors l'un après l'autre, ouvrant une crise politique et spirituelle sans précédent. Ni les royaumes chrétiens proches de Byzance (Abyssinie), ni ceux qui avaient adopté le judaïsme (Himyar) ne sont épargnés. Dépeuplement, appauvrissement, famines… la crise est d'autant plus profonde qu'elle survient après plusieurs siècles de prospérité. Les causes de cette ruine ne sont pas connues avec certitude : sécheresse, épidémies, guerres, éruption volcanique ? En tout cas, l'effondrement brutal de l'économie au VIe siècle est indubitable. La tradition arabo-musulmane appelle cette époque les « temps de l'ignorance » (la *jâhiliyya*) qui précèdent l'avènement du prophète Mahomet. Mais cet âge ne remonte pas à la nuit des temps et il n'a guère duré que quelques décennies.

Devant la disparition des États et des puissances régulatrices, le pays connaît une formidable régression. Les tribus arabes pillent les caravanes dont elles sont censées assurer la sécurité. Une quinzaine de princes tribaux se partagent le désert en s'alliant aux Perses. Le commerce s'effondre. L'anarchie s'installe, qui va permettre aux forces indigènes les plus inventives de créer une nouvelle société et un nouveau système de croyance.

C'est la dynamique tribu de Quraysh, installée à La Mecque, qui propose les meilleures solutions. Elle suggère l'établissement de trêves pendant quatre mois chaque année pour permettre le commerce et les pèlerinages. En même temps, elle crée une alliance cultuelle avec de nombreuses tribus d'Arabie autour du sanctuaire polythéiste de la Kaaba. La crise économique et sociale, la désertion de nombreuses villes, les cataclysmes naturels et le déplacement de populations favorisent la croyance en une vie future. Les malheurs qui frappent la péninsule sont perçus comme des châtiments divins. L'aspiration à une plus grande spiritualité produit une véritable effervescence religieuse. Certes, les religions juive, chrétienne, manichéenne et zoroastrienne, qui dominent alors, offrent des réponses aux angoisses du temps, mais elles sont associées aux puissances étrangères (Byzance, Perse, Abyssinie) et suscitent une forme de rejet.

Les prédicateurs sont nombreux qui annoncent la fin des temps. La tradition musulmane conserve le souvenir de ces devins et prophètes, dont certains défendent la croyance en un dieu unique, souvent appelé al-Rahman, nom donné alors à Dieu par les juifs et les chrétiens. L'un des membres de Quraysh, Mahomet, s'impose, non sans mal, sur les autres « faux » prophètes, en instituant une croyance qui doit beaucoup aux monothéismes antérieurs, emprunte aussi au manichéisme et au zoroastrisme, mais surtout respecte les manifestations ancestrales de la religiosité (poésie, rites des tribus du désert). En outre, Mahomet est issu d'une famille de marchands. Il comprend la nécessité d'établir la sécurité des échanges et l'unité politique et spirituelle pour assurer la prospérité de La Mecque d'abord, puis des régions alentour. Sa prédication contribue donc à restaurer la confiance au sein d'une communauté en brisant les différences et les dissidences et à garantir la paix sur les marchés et sur les voies de circulation.

En quelques décennies, l'apparition de l'islam provoque l'unification linguistique, politique et religieuse des tribus arabes. Elle résout la crise et permet la naissance d'une autorité là où il n'y en avait plus, et un renouveau économique qui profite à tous. Les préceptes coraniques ne se présentent pas seulement comme des règles religieuses mais aussi comme des modes de régulation de la vie en société et des relations interreligieuses et interethniques. Si bien que d'autres cultes s'accommodent de cette restauration de l'ordre. De fait, le christianisme connaît son apogée au VIIe siècle sur la côte orientale de la péninsule et sur les îles du golfe Arabo-Persique, comme en témoignent les magnifiques églises et monastères qui y sont alors construits.

Dans le même temps, unis sous la houlette des premiers califes, successeurs charismatiques et autoritaires du prophète de l'islam, les tribus arabes sortent du désert en quête des richesses dont la région est dépourvue. Les savants musulmans élaborent alors un droit qui définit les normes de la guerre légale, le jihad, au nom duquel toutes les conquêtes vont être réalisées, et détournent ainsi les anciens conflits tribaux. Ils établissent aussi les règles de partage du butin, dont un cinquième revient au Trésor public, et un système fiscal qui garantit la prospérité des Arabes et de leur berceau au nom de la nouvelle religion. La diffusion d'une langue, de normes sociales et d'institutions communes favorise la mise en place d'une des premières économies-mondes. Autant que les mosquées, ce sont les grands marchés urbains qui revitalisent les villes et donnent aux visiteurs l'impression d'un nouvel âge d'or.

L'Empire islamique de l'Inde à l'Atlantique a ainsi balayé les puissances moribondes qui cloisonnaient l'espace et entravaient les échanges et il a dynamisé le bassin méditerranéen en crise depuis plus d'un siècle. Héritier des Empires romain, byzantin et sassanide, dont il se nourrit, l'islam élabore progressivement ses propres arts et sa propre civilisation matérielle. Comme toute construction impériale des temps prémodernes, celle-ci entrera à son tour en crise après plusieurs siècles de rayonnement*.

---

* Pour plus d'informations, se reporter à l'ouvrage suivant : Thierry Bianquis, Pierre Guichard, Mathieu Tillier (dir.), *Les débuts du monde musulman (VIIe-Xe siècle). De Muhammad aux dynasties autonomes*, Paris, PUF (Nouvelle Clio), 2012.

Les croisades, solution ou problème ?

1095

En 1095, le pape Urbain II se rend en personne à Clermont, en Auvergne. Devant lui se dressent la fine fleur de la noblesse locale et de nombreux prêtres. Ils sont venus écouter sa parole et espèrent que son message restaurera une paix et un équilibre toujours instables entre les grandes familles de guerriers. Car, à la fin du XIe siècle, la violence est devenue endémique en Occident. Elle est le lot des jeunes de l'aristocratie, entraînés depuis leur enfance à manier la lance et l'épée à cheval. Un sens pointilleux de l'honneur les jette les uns contre les autres au détriment de la paysannerie et du clergé, devenus leurs victimes collatérales. La situation, en l'absence d'un roi fort, est désespérée. Ne sachant plus à quel saint se vouer, les évêques prennent en main la situation, d'autant plus fermement que les guerres ravagent leurs terres, amenuisent leurs revenus et font souffrir leurs fidèles. En guise de solution, ils ne trouvent qu'un expédient : réunir un concile de la Paix de Dieu, au cours duquel les nobles jurent, sous peine d'excommunication et de damnation éternelle, de modérer leurs ardeurs guerrières.

Or, le pape est venu à Clermont pour l'un de ces conciles. Il veut se montrer plus fort que ses représentants et proposer aux fidèles de quoi sortir des conflits. Son discours commence par une recommandation aux chevaliers de ne plus user des armes dans les églises ou pendant les jours les plus sacrés du calendrier chrétien. Puis il avance son idée : il leur propose de racheter leurs fautes passées par un voyage à Jérusalem. Depuis des siècles, le pèlerinage au Saint-Sépulcre, où le Christ fut enseveli et où il ressuscita, est un moyen fort classique d'accomplir une pénitence pour ses crimes. Cette fois-ci, la différence est de taille, révolutionnaire même. Il s'agit d'y porter des armes et de se battre : « Quiconque, exclusivement par dévotion et nullement par envie d'honneur ou d'argent, partira libérer l'Église de Dieu à Jérusalem, c'est en pénitence pour tous ses péchés qu'il prendra le chemin », dit alors Urbain II aux nobles tentés par l'aventure.

L'appel de Clermont marque la naissance des « croisades ». Ceux qui y répondent cousent en effet une croix sur leurs vêtements et leurs bannières. Ils entendent se sanctifier dans une expédition militaire comportant de multiples sacrifices au service de la Chrétienté. La tonalité religieuse de cette guerre sainte contre l'islam est indéniable. Elle est bénie par le pape, codirigée par son légat et récompensée par des indulgences ; elle jouit des mêmes privilèges que le pèlerinage : hospitalité, exemption des péages, remise dilatoire des procès et moratoire des dettes. Avec les croisades, pas d'impôt ni d'arriérés ! Cette nouvelle façon de combattre au nom de la foi rompt avec une longue tradition qui interdisait au pape, aux évêques et aux prêtres non seulement de verser le sang, mais encore de se mêler des violences.

Étrangère au message évangélique, la croisade n'a jamais fait l'unanimité. Nombreux sont ceux qui tiennent la notion de « guerre sainte » pour contradictoire dans les termes. En 1062, le cardinal Pierre Damien écrivait par exemple : « Le Fils de Dieu descendit du ciel par la charité et il vainquit le diable par la patience. Munis de ces deux vertus, les apôtres ont fondé l'Église que leurs champions, les saints martyrs, ont propagée par leur triomphe sur les supplices et la mort. Il n'est jamais permis de saisir les armes de fer pour la foi universelle dont vit l'Église. » Pierre Damien va même jusqu'à écrire que, « quand prévalent les saints, jamais les hérétiques ou les idolâtres ne sont exterminés, mais au contraire ces mêmes saints acceptent d'être exterminés pour la foi catholique ». Autrement dit, le chrétien, à l'imitation de Jésus crucifié, doit subir la violence et nullement la provoquer. Ce sont les martyrs, tués pour leur foi, et nullement les guerriers, qui devraient assurer l'expansion de la chrétienté.

Les rois se gardent bien d'écouter les réticences de Damien. Ils préfèrent l'hypothèse hardie d'Urbain II. Ils recrutent et partent à l'assaut de la Terre sainte. Le résultat inattendu de la première croisade, au-delà même des espérances de ses promoteurs, a vite fait de surmonter tout scrupule pacifiste. Quatre ans à peine après sa proclamation, la foule des pèlerins en armes conquiert une grande partie de la Syrie et de la Terre sainte, créant un glacis protecteur entre les Turcs et les Balkans alors sous domination byzantine. Elle entre dans Jérusalem le 15 juillet 1099. Les pèlerins venus d'Occident peuvent désormais se rendre et se recueillir sans encombre au Saint-Sépulcre. D'autres font le voyage dans un dessein moins spirituel. Les marchands italiens affluent vers les ports de Syrie et de Palestine, dont ils contrôlent désormais le commerce. De nombreux colons latins les accompagnent. Une période sans précédent d'expansion en Méditerranée s'ouvre devant eux.

Le pape et les évêques voulaient-ils vraiment purger l'Occident de sa violence par un pèlerinage ? Peut-être. Mais leur action contribue à créer une formidable crise internationale qui résulte précisément des croisades et renforce l'antagonisme entre l'est et l'ouest de la Méditerranée, et cela pour des siècles. Car le monde musulman se raidit devant ce retour hégémonique de la Chrétienté latine en Terre sainte. Les Arabes, puis les Ottomans, le feront payer aux minorités religieuses, jouant du pogrom à intervalles réguliers, pour affirmer leur domination et susciter des conversions. Les croisés ne sont guère secourables aux chrétiens d'Orient. Ils n'hésitent pas à assiéger et piller Constantinople en 1204. Si bien que la défaite de Byzance face aux Ottomans, en 1453, passe presque inaperçue aux yeux des chevaliers et barons dont les ancêtres avaient pourtant fait serment de libérer le tombeau du Christ et le temple de Salomon. Le temps des croisades est alors bien terminé. Le modèle de la conquête pour la foi ne s'éteint pas pour autant. Le mythe chemine à travers les rêves hégémoniques de certaines grandes puissances, encore baignées d'idéal religieux. La fin du drame aura au moins appris une leçon aux Occidentaux. L'intérêt prime sur la morale chrétienne pour qui veut gouverner durablement.

La Saint-Barthélemy

24 août 1572

À Paris, à l'aube du dimanche de la Saint-Barthélemy, le 24 août 1572, des bandes armées sillonnent les rues. Leur but : tuer tous ceux qui ne sont pas catholiques. Les massacreurs se reconnaissent par un brassard blanc ou une croix d'étoffe ou de papier à leur chapeau. Ils se réclament du Christ ! Le Seigneur n'a-t-il pas miraculeusement fait refleurir une aubépine au cimetière des Saints-Innocents, au coeur de la ville ? Les liquidations sont menées au nom du roi Charles IX. D'ailleurs, les régiments royaux ont été les premiers à exécuter à la pique les chefs huguenots, à demi réveillés dans le propre palais du roi, au Louvre. Dans une dizaine d'autres cités du royaume, les zélés catholiques en profitent pour se débarrasser à leur tour des huguenots. Au total, près de 10 000 morts sont mentionnés, dont 3 000 à Paris ; une écrasante majorité de civils, femmes, enfants et vieillards. La Seine se serait couverte de berceaux vides d'enfançons dont même les langes avaient été pillés !

Dans la mémoire des Français, le massacre de la Saint- Barthélemy est devenu le symbole du fanatisme religieux contre lequel la République a forgé la laïcité à la fin du XIXe siècle. Il s'inscrit dans une série d'expériences que les Européens ont tenté d'instaurer pour dépasser les guerres de Religion qui se développent après la réforme religieuse lancée par Luther, en 1517.

Les Suisses ont établi les premiers un système installant dans chaque canton la religion catholique ou protestante, selon le choix dominant des habitants. Une paix officielle fut adoptée à Kappel pour sceller cet accommodement entre les cantons de chaque confession. Sans doute ce modèle a-t-il convaincu, car les États allemands adoptèrent, après plusieurs années de conflit, en 1555, la règle « tel prince, telle religion » voulant que, selon les régions, la croyance du prince ou du magistrat urbain, le conseil de ville, s'impose à ses sujets. Ainsi naquit une rupture durable entre une Allemagne catholique, alors très minoritaire, et une Allemagne luthérienne.

Mais cet accord, appelé « paix d'Augsbourg », aménage une coexistence locale dans une dizaine de villes dites bi-confessionnelles. Bien qu'elles soient à majorité luthérienne, comme Strasbourg, Nuremberg ou Augsbourg, le magistrat doit accepter la minorité catholique, qui peut célébrer publiquement son culte. De même, les chevaliers d'empire, des nobles qui ne sont pas souverains d'État, ont la liberté confessionnelle dans leurs propriétés seigneuriales.

Pour prévenir le retour à la guerre confessionnelle, la contrainte religieuse est mise hors la loi. Ainsi, la minorité religieuse doit se plier à la confession du prince. Ce droit donne la possibilité d'expulser les sujets rétifs à la confession officielle. Les litiges sont renvoyés au tribunal impérial, la cour judiciaire la plus prestigieuse du Saint Empire.

La paix religieuse exacerbe paradoxalement les identités confessionnelles. Dans chaque territoire, les princes et magistrats renforcent l'homogénéisation par un contrôle sur l'encadrement pastoral et la piété des fidèles. Là où il y a coexistence, les tensions montent. Au début du XVIIe siècle, à Donauworth, les protestants majoritaires refusent de s'incliner devant la procession annuelle de la Fête-Dieu et la provoquent. Des chevaliers catholiques en appellent alors à leur voisin et coreligionnaire Maximilien Ier, duc de Bavière. Celui-ci intègre de force la cité dans ses territoires et chasse les protestants de la ville.

Les ambitions des princes territoriaux fragilisent aussi l'équilibre de 1555 et conduisent à la guerre de Trente Ans (1618-1648). Des ligues aristocratiques et religieuses tranchent les conflits : d'un côté, le calviniste Frédéric V, prince électeur du Palatinat, à la tête de l'Union évangélique, et, de l'autre, le duc de Bavière qui domine une ligue catholique, s'opposent. Le premier accepte la couronne que lui propose la noblesse du royaume de Bohême. À majorité réformée, celle-ci redoute que le catholique Ferdinand de Habsbourg, roi titulaire et empereur depuis

1617, abolisse la liberté religieuse. Du côté impérial, le coup de force resserre les liens avec la ligue bavaroise. À la suite de la victoire de la Montagne Blanche (1620), sur les hauteurs de Prague, Ferdinand intègre la Bohême à ses territoires patrimoniaux et la catholicise. Il dépèce le Palatinat en faveur du Bavarois et, par l'édit de Restitution (1629), contraint les princes protestants à restituer les biens de l'Église abusivement sécularisés.

Face à cette hégémonie impériale, des princes germaniques calvinistes, luthériens et même catholiques se rapprochent. Du reste, en raison de l'internationalisation de la guerre, la rivalité confessionnelle tend à s'effacer au profit de la défense des libertés germaniques. La paix de Westphalie, en 1648, élargit la paix d'Augsbourg aux calvinistes et autorise le culte domestique aux chrétiens des trois confessions. Désormais, le traité est commémoré comme le remède aux horreurs de la guerre civile et religieuse.

À la différence des paix de religion helvétiques et allemandes, l'enjeu français est de faire vivre une majorité catholique et une minorité réformée sur un même territoire. Ce n'est pas un organe collégial censé représenter la nation qui met fin à la guerre religieuse, mais bien l'autorité royale qui contraint à l'obéissance le parti huguenot.

Après le massacre de la Saint-Barthélemy, la dérive dans la guerre civile, la révolte catholique de la Ligue contre le roi de France Henri III et l'assassinat de ce dernier en 1589 lors du siège de Paris, le nouveau souverain, Henri IV, est face à un dilemme. Poursuivre la guerre à outrance ou chercher un compromis. Il va alterner le chaud et le froid en renforçant son pouvoir. Il coupe les ressources militaires de ses adversaires, puis adopte lui-même la religion catholique alors qu'il était issu d'un milieu protestant, puis il négocie avec toutes les factions. Finalement, l'édit de Nantes, en 1598, permet de pérenniser la coexistence religieuse.

Pourtant ni les catholiques zélés ni les réformés n'en furent satisfaits. Pour les premiers, la royauté reconnaissait une fois de plus la légalité des hérétiques. Les magistrats catholiques jugeaient aussi insupportable que l'on autorisât la création de tribunaux spéciaux pour les réformés.

Quant aux protestants, l'édit répondait surtout aux exigences de l'aristocratie militaire qui obtenait une centaine de places de sûreté. Les communautés méridionales, le long d'une diagonale depuis La Rochelle jusqu'au Dauphiné, bénéficiaient d'une large liberté de culte dans la mesure où leurs temples établis depuis longtemps étaient reconnus. En revanche, au nord, les réformés, déjà largement affaiblis et dispersés par la guerre, n'avaient souvent comme lieu de culte que des temples éloignés d'où ils vivaient.

L'Église catholique ne cessa d'exiger le retour à l'exclusivisme confessionnel. Dans l'autre camp, certains grands jouaient sur la peur pour remobiliser le parti huguenot. Dans les années 1620-1630, après de nouveaux soulèvements, les réformés durent renoncer à leur force politico-militaire. Si Richelieu, le principal ministre du Conseil, considérait que seule la persuasion pacifique pouvait ramener les « prétendus réformés » dans le giron de l'Église, il n'acceptait pas leur « État dans l'État ». Il assiégea donc La Rochelle, la capitale quasi indépendante des huguenots, qui capitula d'épuisement. À partir des années 1660, sous Louis XIV, la royauté n'a plus alors de difficulté à imposer localement des interdictions professionnelles, le logement des gens de guerre, les fameuses dragonnades, ou la démolition des temples de ces sujets supposés déloyaux.

L'édit de Fontainebleau, en 1685, qui révoque l'édit de Nantes, achève cette évolution antiprotestante. Le Roi-Soleil pensera à tort qu'il ne concerne que quelques milliers d'obstinés, alors qu'ils étaient encore près de 800 000 ! Près de 200 000 huguenots fuiront le pays, emportant avec eux un savoir-faire qui bénéficie surtout à l'Angleterre, l'Allemagne et à la Hollande.

La paix armée les avait protégés. Désarmés face à l'intolérance royale, les réformés n'avaient plus le choix qu'entre la conversion, plus ou moins sincère, et l'exil. La France était désormais bien la fille aînée de l'Église catholique.

D'autres États ont tenté de faire vivre au quotidien les minorités religieuses, sans jouer des garanties territoriales ou de la dissuasion par les armes. En Europe centrale, d'abord, un pluralisme religieux s'épanouit au XVIe siècle. La monarchie polonaise, surnommée avec dédain à l'époque l'« asile de tous les hérétiques », en constitue une excellente illustration. Ce vaste État regroupe des communautés orthodoxes et juives à l'est, et même mahométanes au sud. Par ailleurs, une partie de la noblesse est gagnée par les divers protestantismes, y compris l'anabaptisme antitrinitaire.

L'élite aristocratique a voix au chapitre dans le cadre d'assemblées qui se tiennent régulièrement. Avant qu'Henri d'Anjou, le futur Henri III, ne reçoive la couronne de Pologne, ses sujets l'obligèrent à accepter la Confédération de Varsovie (1573), texte qui proscrit la guerre pour cause religieuse. Toutefois, au cours du XVIIe siècle, la Pologne décline sous les coups des Suédois luthériens, des Brandebourgeois calvinistes et des Russes orthodoxes, tandis que les Ottomans menacent. Les minorités religieuses furent alors accusées d'être les responsables de ce que l'on perçut comme le « grand déluge ». Et le territoire fut bientôt découpé comme un gâteau entre joyeux convives.

En Angleterre, l'évolution fut encore plus complexe pour parvenir à une tolérance. Henri VIII fut considéré comme le plus fidèle défenseur de l'Église romaine avant de rompre avec le pape et de créer l'Église anglicane, qui n'admettait pas les écarts à son autorité. Mais c'est sous le règne d'Elisabeth Ire (1558-1603) que le souverain devint le chef d'une Église définitivement protestante. Il tolère dans une certaine mesure les dissidences religieuses. Moyennant une taxe et l'obligation d'assister au culte anglican à Pâques, les catholiques ont droit au culte privé. Ils sont très nombreux au nord et en Irlande, parmi les gaéliques. De l'autre côté, des groupes réformés, surnommés « les puritains », très présents au Parlement, critiquent l'inféodation d'une Église dominée par le roi et un clergé anglican. À partir des années 1630, ils soupçonnent même Charles Ier Stuart de préparer un retour au catholicisme. Après une guerre civile (1642-1648), la décapitation du roi, puis la menace d'une nouvelle guerre en 1688, Guillaume III d'Orange-Nassau, le général calviniste des Provinces-Unies, est intronisé. Jacques II Stuart doit fuir.

Ce qu'on a appelé la *« Glorious Revolution »* constitue en quelque sorte un pacte protestant, depuis les anglicans jusqu'aux puritains, réalisé aux frais des catholiques, notamment ceux d'Irlande, de plus en plus stigmatisés, comme des gaéliques, papistes et indécrottables rebelles. Curieusement, ce sont autant les paix de religion que les conflits qui ont façonné l'Europe moderne. Après deux siècles de guerres civiles et de massacres, elles avaient désenchanté les peuples qui réalisaient qu'imposer une confession unique aboutissait à des violences sans précédent. Mieux valait des institutions politiques solides et des limites juridiques au pouvoir des États pour que chacun puisse librement trouver la voie de son salut et garantir la poursuite matérielle du bonheur. En un mot : la tolérance.

V

LES CRISES SANITAIRES

Le fléau du phylloxéra

1868-1900

Stupeur, consternation, impuissance : tels sont les sentiments suscités à la fin du XIXe siècle par le phylloxéra, puceron ainsi nommé parce qu'il a pour effet de dessécher les feuilles des vignes. Les habitants de la France sont en effet viscéralement attachés au vin depuis la conquête romaine, et même avant si l'on en croit Diodore de Sicile rapportant que les chefs de la Gaule chevelue payaient d'un esclave une amphore de vin grec ou italique. Cette calamité a engendré la plus affreuse misère chez tous les vignerons et les professionnels du vin, mais aussi une immense frustration dans tout le pays. Elle a entraîné les mêmes réactions et explications que les fléaux s'attaquant à l'humanité dans sa chair ou ses ressources, depuis les plaies d'Égypte, les récoltes perdues du « petit âge glaciaire », les pestes médiévales et les multiples épidémies et pandémies : choléra, tuberculose, grippe espagnole ou sida. Pour certains, le phylloxéra ne pouvait être qu'une punition envoyée par le ciel aux Français, par trop nombreux à avoir rejeté Dieu et s'être ralliés à la République anticléricale. L'évêque de Dax, Mgr Delannoy, l'écrit en 1882 dans une lettre pastorale : « Quand la religion est traitée en ennemie, est-il étonnant que Dieu se venge en envoyant sur les vignes des fléaux mystérieux qui se succèdent sous nos yeux ? » Le vignoble français sort en effet à peine de la grave crise de l'oïdium, un champignon microscopique arrivé d'Amérique vers 1845 et qui a compromis les vendanges de quelques millésimes humides, sans tuer les vignes pour autant, avant que l'on n'apprenne à le combattre par des pulvérisations, d'abord de soufre, puis de sulfate de cuivre, la bouillie bordelaise, à partir de 1886. L'alerte avait été chaude, mais non générale, à la différence de la maudite bestiole qui va répandre la désolation dans tout le pays.

Depuis les années 1830, certains propriétaires du Midi tentaient d'acclimater les espèces américaines productives dont les moûts permettaient de renforcer les vins locaux, tout en leur donnant une saveur particulière, jugée par certains proche du cassis ou de la framboise et, pour d'autres, trop musquée et se rapprochant de la punaise ou de l'urine de renard, d'où l'adjectif « foxé ». Arrivé des États-Unis sur ces vignes importées, le phylloxéra est observé pour la première fois le 15 juillet 1868 à Saint-Martin-de-Crau, près de Marseille, par le grand botaniste Jules-Émile Planchon, assisté de Gaston Bazille et de Félix Sahut. Dès 1871, grâce au vent, le puceron gagne Tain-l'Hermitage, mais il est aussi entré en France par Bordeaux et ses premiers foyers sont observés à Bergerac et Floirac. En 1875, il a infesté le Languedoc, la Provence, les Charentes, l'Allemagne, l'Autriche. La Côte-d'Or est touchée en 1878, mais la Champagne ne le sera qu'en 1894. Par la suite, la plus grande partie du vignoble mondial est atteinte et dévastée.

Dans les dernières années du XIXe siècle, là où les vignerons n'ont pas encore appris à lutter contre le parasite, de nombreux coteaux viticoles de France offrent un spectacle de désolation. La friche a envahi les parcelles aux couleurs jadis changeantes d'une saison à l'autre, soigneusement entretenues, même si leur aspect n'était pas celui des vignes alignées d'aujourd'hui, du fait de la culture conduite principalement en foule, c'est-à-dire selon le procédé du marcottage qui aboutissait à une très forte densité (jusqu'à 30 000 pieds par hectare) et un grand désordre contraignant à un travail exclusivement manuel. Le plus souvent, les vignes mortes sont arrachées, car on espère sauver les parcelles avoisinantes qui ne sont pas encore touchées. Peine perdue ! Le puceron progresse inexorablement. La misère s'installe. « Nous sommes finis, c'est la fin de la France », dit un vieux vigneron de Sète à l'écrivain suédois Strindberg en visite dans la région.

Des recherches sont menées avec diligence. Dès 1870, là où elle est possible, c'est-à-dire en plaine, on pratique la submersion qui noie le phylloxéra : en Camargue, dans les paluds du Bordelais, dans les zones basses du Val de Loire, du Languedoc, de la Durance. Le procédé est évidemment inutilisable sur les coteaux, là où l'on produit depuis longtemps les meilleurs vins. On découvre en 1874, près d'Aigues-Mortes, que le phylloxéra radicicole ne parvient pas à se mouvoir et à prospérer dans les sols sableux. D'importants vignobles sont donc plantés sur le cordon littoral du Languedoc, mais les vins sont médiocres. Créé en 1876 sur le cordon, le Domaine de Vassal, près de Sète, possède encore actuellement la plus grande collection de vignes du monde entier : 2 600 variétés provenant de 47 pays, 1 100 hybrides et 480 porte-greffes.

Il demeure encore aujourd'hui un certain nombre de vignes préphylloxériques, franches de pied, dans les terroirs sablonneux ou argilo-sableux : par exemple à Sarragachies (Gers), où une vigne bicentenaire a été récemment classée monument historique, à Soings-en-Sologne (Loir-et-Cher), chez l'excellent vigneron Henry Marionnet, qui exploite une parcelle de romorantin plantée vers la fin de la monarchie de Juillet ; à Aÿ-Champagne (Marne), où Bollinger maintient en production trois parcelles de vignes franches. Il existe également des vignes pluricentenaires à Maribor (Slovénie) ou dans l'ancien collège des Jésuites de Reims.

En 1873, le chimiste Paul Thénard découvre les vertus insecticides du sulfure de carbone qu'il faut, pour qu'il soit efficace, injecter dans le sol à l'état gazeux et sous pression, à l'aide d'un pal. Le produit fatigue la plante qu'il faut revigorer en lui fournissant beaucoup d'engrais. C'est ce procédé onéreux qui permettra à certains vignobles réputés de survivre, par exemple la Romanée-Conti jusqu'en 1943, date à laquelle le produit et la main-d'œuvre ont fait défaut, ce qui a imposé l'arrachage. Pour ne rien arranger, une nouvelle maladie cryptogamique, elle aussi d'origine américaine, fait son apparition dès 1878 : le mildiou. Le remède est rapidement trouvé, il s'agit du sulfate de cuivre, mais le traitement prend du temps et représente un coût non négligeable, surtout lorsqu'il faut l'appliquer plusieurs fois par an, comme en 1882 ou en 1888.

Face au phylloxéra, une autre solution semble s'imposer : la plantation de vignes américaines. Les plus productives recueillent la préférence ; il s'agit d'hybrides obtenus par pollinisation croisée : clinton, isabelle, othello, jacquez et, surtout, le célébrissime noah, aux effets toxiques, en raison d'une forte présence de méthanol qui affecte le système nerveux. Les pépiniéristes français Seibel, Couderc ou Baco en inventent d'autres qui portent leur nom assorti d'un numéro. Ces vignes résistent bien au puceron, mais les vins qui en sont issus sont médiocres, voire franchement repoussants, et ne rappellent en rien la délicatesse des crus traditionnels issus des vieux cépages français.

C'est encore à Jules-Émile Planchon que revient l'idée de greffer les cépages français sur des porte-greffes américains, ce qui lui vaut l'hommage bien mérité d'un square et d'un monument devant la gare de Montpellier. Agronomes et pépiniéristes cherchent alors les meilleures associations qui dépendent du cépage fructifère, mais aussi du sol et du climat. Ce procédé qui a sauvé la vigne et le vin, surtout à partir de 1880, s'est aujourd'hui généralisé en Europe et dans la plupart des vignobles du monde. Il présente le grand avantage de ne pas modifier sensiblement les caractéristiques des raisins *Vinifera.* Certains aimeraient aujourd'hui revenir aux francs de pied, mais cela impliquerait de découvrir et de faire accepter des vignes génétiquement modifiées qui résisteraient au phylloxéra. Personne n'y semble « culturellement » prêt, bien que le procédé ne soit au fond pas si différent de l'usage de porte-greffes résistants.

Les vignobles les moins réputés ne se relèvent pas de la crise phylloxérique. C'est le cas de départements encore très viticoles au milieu du XIXe siècle, comme la Haute-Garonne, le Loiret, l'Aveyron ou la Seine-et-Marne. Ailleurs, les replantations s'effectuent en général sur les meilleurs terroirs, à l'exception du Languedoc, où la plaine renforce sa vocation de productrice de vin de table.

De 2,5 millions d'hectares en 1874, le vignoble français est passé à 1,7 million d'hectares en 1900. La palette des cépages s'est beaucoup rétrécie, ce que l'on peut regretter pour la diversité des vins. Enfin, les paysages changent, puisque l'abandon du provignage permet désormais d'aligner les ceps, de palisser les rangs et de régulariser leur écartement, ce qui était exceptionnel auparavant et surtout réservé aux régions de complantage, ce que les Italiens nomment *coltura promiscua.* Cela autorisera l'utilisation de chevaux puis, après la dernière guerre, de tracteurs enjambeurs.

Une crise peut en cacher une autre : dès que le vignoble français est reconstitué, à partir de 1900, la surproduction et la mévente sont des maux chroniques qui aboutissent à des jacqueries vigneronnes en Languedoc ou en Champagne. C'est l'origine de la belle législation française des appellations d'origine contrôlée (AOC). Et puis, infimes consolations après tant de malheurs, il demeure encore quelques productions non viticoles datant du phylloxéra et qui ont servi de substitut au vin dans certaines régions au plus fort de la crise : le cassis des hautes côtes de Nuits-Saint-Georges et les crottins de Chavignol du Sancerrois !

La grande famine en Irlande

1846-1851

La pomme de terre était arrivée sur l'île presque subrepticement. Elle était entrée par les potagers des petits nobles et des bourgeois, puis dans les maisons au XVIIe siècle, et avait d'abord été posée au coin de la table, comme un appoint. Dans le courant du XVIIIe siècle, sa culture s'était répandue au point de devenir la nourriture de base de toute la nation. Et c'était une chance, car les parcelles de terre des paysans étaient si petites qu'ils peinaient désormais à produire des céréales, riches en calories. Grâce à la pomme de terre, la famine avait été évitée lors de plusieurs années de mauvaises récoltes. La population était cependant si pauvre que, pour faire vivre les familles, les pères se vendaient souvent comme saisonniers en Angleterre ou en Écosse.

Or, en 1846, un navire de commerce apporte dans ses cales un parasite venu d'Amérique qui ravage le pays : le mildiou. Il dévore les cultures et fait chuter de 40 % la production. Les petits paysans meurent littéralement de faim. Ils se tournent vers les grands propriétaires terriens, qui refusent leur aide et, pis, au plus fort de la famine, continuent d'exporter vers l'Angleterre leurs produits, quitte à les escorter sous protection armée. Huit millions de femmes et d'hommes se trouvent en danger de mort.

La première réaction est politique. Des dirigeants comme Daniel O'Connell avaient déjà alerté l'opinion sur la division des terres et les évictions de petits paysans. O'Connell demande la fermeture des ports aux exportations alimentaires, comme la Belgique face à un risque similaire venait de le décider. O'Connell franchit un pas supplémentaire en exigeant que l'Irlande gère seule sa nourriture. L'écrivain John Mitchel agit de son côté pour alerter l'opinion britannique. Car l'armée n'utilise pas ses réserves stratégiques pour aider à la soudure. Mitchel, écœuré par l'inaction du gouvernement, déclare brutalement : « Le Tout-Puissant a bien envoyé la maladie de la pomme de terre, mais c'est l'Angleterre qui a créé la famine. » Il sera arrêté et déporté pour cause de sédition. Le gouvernement de la reine Victoria a bien tenté quelques réformes pour secourir l'Irlande. Il a débloqué des fonds, favorisé des levées d'aides, relancé des travaux publics pour embaucher quelques victimes et soutenir l'économie. Le paradoxe voulait que l'on voie désormais sur les routes des hommes affamés s'échiner à creuser des trous ou porter des pierres pour entretenir la chaussée… Le Parlement a aussi amendé les lois sur la pauvreté pour soutenir les démunis, tant en les mettant dans des institutions de travail obligatoire qu'en ouvrant des soupes populaires… Mais tout cela vient tard.

Si bien que les habitants de l'Irlande, voyant s'amonceler les cadavres, commencent à quitter le pays à n'importe quel prix. En quelques années, la population de l'île descend à 6 millions. La majorité est allée peupler les faubourgs des grandes villes américaines. Car c'est bien le trait essentiel. Les catholiques d'Irlande cherchent une patrie nouvelle, loin des ennemis héréditaires anglais. Et les États-Unis sont la terre bénie à leurs yeux. Ils vont grossir les rangs des colons. Près de 1,5 million d'entre eux prennent alors le risque de mourir pendant la traversée et de tout laisser derrière eux. Ils s'installent majoritairement dans les villes de la côte Est et plutôt au nord. Ils seront fermiers, et bien des femmes deviendront simples serveuses ou femmes de chambre. Quelques-uns créeront les premiers gangs de New York, d'autres choisiront la police. C'est de leurs rangs que sortiront les Kennedy. On leur reprochera souvent leur mauvais caractère. Ils prendront, en tout cas, une part essentielle à l'épopée américaine.

La peste noire, première pandémie mondiale

1347-1352

En 1347, après huit siècles d'absence, la peste réapparaît en Occident alors que son existence avait été presque oubliée. Portée par des rongeurs sauvages, la maladie est venue d'Asie centrale et se transmet, *via* les puces, aux rats commensaux, puis à l'homme lui-même. On en meurt dans les cinq jours, avec toutefois une possibilité de guérison dans 20 à 40 % des cas. La peste bubonique est la forme ordinaire de la peste au Moyen Âge et à l'époque moderne, mais elle a pris durant l'hiver 1347 une forme pulmonaire qui a accru sa létalité. En trois jours, elle tuait tous les malades ; elle était devenue très contagieuse, car elle se transmettait par les gouttelettes de salive projetées par la parole, la toux ou les éternuements des pestiférés. La virulence de l'épidémie de 1347 rompt l'équilibre sanitaire qu'entretenaient entre elles les maladies bien installées dans le paysage épidémique de l'Occident – tels la lèpre, la rougeole, la variole ou le paludisme. La lente croissance de la population occidentale s'en trouve brisée net. L'intensité des échanges est le principal responsable de la diffusion du fléau. L'épidémie se prolonge jusqu'en 1352 après avoir traversé toute la Méditerranée et la chrétienté en suivant les voies commerciales. Les régions les moins connectées au commerce international, tel le Massif central en France, sont donc les moins touchées par la première épidémie.

Là où elle frappe, la maladie est foudroyante. À Givry, en Bourgogne, le curé a tenu un compte des sommes obtenues à l'occasion des enterrements. Il décomptait d'ordinaire en moyenne une trentaine de morts par an, mais, durant l'été et l'automne 1348, quand la peste sévit dans cette localité, il enregistra 621 décès. L'épidémie s'éteint d'elle-même ensuite, du fait de la mort des rats et de la résistance immunitaire d'une partie de la population humaine. Elle aurait entraîné la disparition brutale d'au moins 35 % de la population – peut-être 60 % pour les estimations les plus pessimistes ! Cette ponction démographique aurait pu être comblée par la fièvre matrimoniale et le baby-boom qui ont suivi la première crise, si la peste n'avait connu des répliques régulières. Elle revient, en effet, tous les six à treize ans, mais de façon moins violente et beaucoup plus localisée. Le bacille, désormais installé en Occident, se développe au rythme de la croissance puis de l'extinction des communautés de rats dans chaque région. Les pertes démographiques sont beaucoup moins importantes, mais les retours de la peste touchent les régions jusque-là épargnées, ainsi que les enfants nés entre deux épidémies : la population stagne. Le manque de main-d'œuvre nouvelle entraîne alors une hausse brutale des salaires et, à long terme, la peste engendre une baisse des prix agricoles du fait de la sous-consommation.

Face à cette catastrophe sanitaire, les hommes du Moyen Âge sont désarmés. Leur représentation du monde les conduit à invoquer la colère de Dieu ou le dérèglement des astres, mais les solutions qu'ils en déduisent sont également inefficaces. La peste apparaît comme une punition divine infligée aux chrétiens pour leurs péchés ; il n'y a dès lors d'autre remède que le repentir et la prière. Il faut prier Dieu, la Vierge et les saints, en particulier saint Sébastien, de pardonner ses fautes. La confession prépare l'âme, tandis que des legs pieux permettent d'obtenir des prières du clergé dans l'éventualité d'un décès. Une minorité radicale de chrétiens pousse plus loin le repentir lors de la peste de 1347 en s'engageant dans le mouvement des flagellants. Et les voici, expiant leurs péchés par la mortification, en pèlerinage de ville en ville pendant trente-trois jours et demi (comme le Christ avait vécu trente-trois ans et demi), priant, chantant, écoutant des prédications et se flagellant deux fois par jour sur la place publique. Le mouvement apparaît en Vénétie, se diffuse en Empire et touche enfin la Flandre. Le pape, le roi de France et l'empereur s'inquiètent des excès de ces fanatiques qui massacrent des juifs et contestent l'autorité de l'Église, et ils finissent par les interdire.

Au même moment, des intellectuels analysent la maladie à la lumière de la raison – Guy de Chauliac, le médecin du pape, en a d'ailleurs donné une parfaite description clinique. Cette analyse est cependant limitée par des présupposés scientifiques hérités de l'Antiquité. Pour les savants, la peste est due à une conjonction exceptionnelle des planètes Saturne, Jupiter et Mars en 1345 qui, tels des aimants attirant le fer, ont empoisonné l'air. La Terre subit naturellement l'influence de la conjonction des astres supérieurs. Et, le corps de l'homme étant un condensé de l'univers, la conjonction des astres brouille aussi l'harmonie des humeurs qui le composent. Le sang, le phlegme, la bile jaune ou la bile noire se mettent alors à proliférer, le corps réagit en les cuisant par la fièvre et en les expulsant, d'où la toux ou les abcès buboniques. Les traitements préconisés par les médecins répondent à cette interprétation astrale de la maladie. Pour purifier l'air corrompu, ils préconisent des feux dans lesquels on brûle des plantes odoriférantes. On peut aussi lutter contre l'empoisonnement de l'air en absorbant un contrepoison universel, la thériaque. Le praticien aide enfin le corps à évacuer les excès d'humeurs en saignant les malades, en les purgeant avec des pilules d'aloès ou en faisant mûrir les abcès avant de les inciser. La prière et la saignée sont les réponses imposées par un système de croyances, en dépit de leur inefficacité. Pourtant les hommes du Moyen Âge avaient pris la mesure de la contagion et compris empiriquement, tels les jeunes aristocrates du *Décaméron* de Boccace, que le salut résidait dans la fuite. Préférant la prévention, les cités maritimes comme Venise et Gênes au XVe siècle sont les premières à appliquer la quarantaine pour les navires étrangers. Marins et voyageurs sont isolés dans les lazarets le temps de s'assurer de leur bonne santé. Ces mesures se généralisent à l'époque moderne et, conjuguées à d'autres facteurs biologiques et sociaux, finirent par venir à bout de la peste en Occident, mais tard, seulement après 1720. Passé le premier moment de panique, les élites et les peuples victimes de la Peste noire ont bien organisé une forme de lutte contre le fléau, mais peut-on leur reprocher sa faible efficacité, quand c'est seulement en 1894 qu'Alexandre Yersin découvre le bacille à l'origine de la maladie et en 1898 que fut enfin compris le mécanisme de transmission par les puces ?

La grippe espagnole

1918

Que la pandémie grippale de 1918, communément qualifiée d'épisode de grippe espagnole, ait constitué une crise sanitaire majeure du XXe siècle, nul n'en doute aujourd'hui. Son terrible bilan démographique suffirait à en témoigner. Dans les années 1920, les premières études épidémiologiques qui lui furent consacrées estimèrent qu'elle avait causé plus de 20 millions de morts. Depuis, le bilan a été continûment revu à la hausse, en particulier en Asie, pour être évalué désormais à près de 50 millions de morts. L'expansion mondiale totale de la pandémie est une deuxième composante de l'échelle inédite de la crise sanitaire. Aucune région habitée du globe ne fut épargnée par la grippe, dont la première vague, au printemps 1918, qui s'était révélée très contagieuse mais plutôt bénigne, fut suivie d'une seconde vague d'une virulence extrême. Celle-ci balaya, d'août à novembre 1918, tous les continents et occasionna, durant ces quatre mois, 90 % des décès. La concomitance de l'explosion épidémique et du conflit mondial qui se trouvait alors à un moment décisif, avec la contre-offensive victorieuse de l'Entente, ajouta encore une dimension critique à cet événement. Dans les pays belligérants, la circulation des troupes ne pouvait être limitée – 250 000 soldats américains débarquaient alors chaque mois en Europe – et le mouvement incessant des blessés, permissionnaires, prisonniers, réfugiés, déplacés, créait une situation favorable à la contagion.

Pourtant, malgré la coalition de ces éléments critiques, il n'est pas sûr qu'en 1918 les autorités en charge de la santé publique aient eu d'emblée conscience d'être confrontées à une catastrophe sanitaire. Les premières atteintes purent apparaître comme des manifestations saisonnières, et la dénomination de « grippe » – diagnostic banal appliqué à toutes sortes de manifestations qui n'avaient rien de grippal ni d'épidémique – amoindrit la menace. D'ailleurs, ses victimes ne mouraient pas tant de la « grippe » que de ses « complications », broncho-pneumoniques en premier lieu. En outre, la censure de l'information qui régnait dans les pays en guerre contribua à dissimuler le péril.

Lorsque, à l'automne, la gravité de la situation épidémique fut manifeste, à travers l'accumulation des décès des jeunes adultes, les pouvoirs sanitaires se trouvèrent dépourvus de moyens de lutte efficaces. D'abord, parce que, dans une partie du monde engagée dans la Grande Guerre, la poursuite des opérations constituait une priorité plus urgente que le contrôle de l'épidémie. Le refus de surseoir à la traversée des troupes américaines dans des bateaux infestés devint le symbole de ce déni par les chefs militaires. Autre exemple, en France, le commandement défendit à tout prix, même lors du pic épidémique, le maintien des permissions, garantes du moral des troupes, alors que l'on savait que les permissionnaires étaient un vecteur de contamination des populations civiles.

Surtout, en 1918, l'incertitude régnait quant à la nature de l'agent pathogène à l'origine de la grippe – le virus grippal ne fut isolé que dans les années 1930. Aussi les solutions thérapeutiques, vaccins et sérums, qui avaient vu le jour dans le sillage des idées de Pasteur, se montraient ici inopérantes. Les solutions prophylactiques, destinées à enrayer la contagion, étaient tout aussi incertaines. Au XIXe siècle, les autorités médicales avaient combattu les épidémies par des mesures d'endiguement et de cordon sanitaire qui se révélaient inappropriées dans le contexte grippal. La grippe ne semblait pas, comme le choléra, une maladie venue de l'extérieur qu'il fallait empêcher d'entrer dans une forteresse assiégée, mais un ennemi de l'intérieur, toujours déjà là et d'une contagiosité extrême. La plupart des pays refusèrent par conséquent d'avoir recours à la fermeture des frontières. Aussi les mesures de santé publique se réduisirent-elles à des expédients. En direction de la collectivité, on entendait agir sur le « foyer grippal », par la désinfection de l'environnement des malades, en supposant que le milieu était un vecteur de transmission. En direction de l'individu, il s'agissait de « préserver le grippé » : le masque de gaze constitua l'arme la plus convaincante de cet arsenal, mais son usage se heurta souvent, comme en France, à la résistance des médecins et des malades. L'inefficacité des ressources était patente.

Enfin, en 1918, la difficulté à appréhender la grippe espagnole comme une crise sanitaire majeure tint sans doute à sa nature singulière. Brutales, soudaines, foudroyantes quand elles étaient mortelles, les atteintes de grippe, que l'on dénommait aussi la « fièvre de trois jours », balayaient un territoire et l'évacuaient rapidement, disparaissant comme elles étaient venues. Compte tenu de la brièveté de la maladie et de l'impuissance thérapeutique, bien des malades n'eurent pas recours à l'assistance médicale, en un temps où la médicalisation des populations demeurait partielle. Autant d'éléments qui concoururent à sous-évaluer les besoins de sa prise en charge.

La minimisation de la crise opérée par les contemporains se poursuivit par la suite. Une fois la parenthèse grippale refermée, la question disparut de l'agenda des institutions sanitaires internationales de l'entre-deux-guerres. Quant à la mémoire du deuil immense qu'elle provoqua, sans doute entra-t-elle en concurrence avec celle, non moins traumatique, que la Grande Guerre suscita. Finalement, c'est à l'aune des risques pandémiques du XXIe siècle que la grippe espagnole resurgit, tel l'objet d'une histoire dont des leçons pouvaient être tirées*.

* Pour plus d'informations, se reporter aux ouvrages suivants : Tamara Giles-Vernick et Susan Craddock (eds.), *Influenza and Public Health. Learning from Past Pandemics*, Londres, Earthscan, 2010 ; Anne Rasmussen, « Dans l'urgence et le secret. Conflits et consensus autour de la grippe espagnole, 1918-1919 », *Mil neuf cent, revue d'histoire intellectuelle*, 25, 2007, p. 171-190.

Conclusion
La crise actuelle

2008-jusqu'à quand ?

Au début d'*Anna Karénine*, dans une phrase mille fois citée, Tolstoï explique que tous les couples heureux se ressemblent, tandis que les couples malheureux le sont tous d'une manière différente. S'agissant des crises financières, le constat pourrait être exactement inversé. Les sociétés prospères le sont toutes d'une manière distincte. Les splendeurs de Rome, Cordoue ou New York tracent chacune des voies singulières. Les crises financières, à l'inverse, obéissent à des mécanismes souvent très proches l'un de l'autre.

Les causes des crises financières sont parfaitement résumées par l'économiste John Kenneth Galbraith (1908-2006) dans sa *Short History Of Financial Euphoria*. Toutes font suite à une période d'euphorie, au cours de laquelle la règle du jeu est presque toujours la même : la dette tend à exploser sans lien avec les fondamentaux de l'économie ou de la classe d'actifs auxquels elle est censée être adossée. Toujours, le capital tend à créer un effet de levier, un mécanisme qui augmente les gains, mais limite les pertes des investisseurs. Or, depuis la fin des restrictions sur le marché financier américain en 1982, traders et financiers se financent entièrement à crédit pour monter leurs opérations, bénéficiant ainsi d'une sorte d'incitation perverse à placer l'argent là où les risques sont les plus élevés, pour obtenir les taux les plus hauts. Si le crédit génère des gains, ils remboursent leur dette et partagent les profits avec l'investisseur qui les a financés. Mais, si l'investissement est un « crédit pourri », insolvable, les pertes sont alors entièrement pour celui qui a prêté. Lorsqu'un investisseur n'apporte pas son propre capital, le jeu s'apparente à « pile, je gagne ; face, tu perds ». Le *Financial Times* cite ainsi une étude calculant les rémunérations des dirigeants des plus grands établissements financiers, sur les trois années qui ont précédé la crise. Ils ont gagné presque 100 milliards, pour 4 000 milliards de pertes laissés à la communauté… Quoi qu'on fasse ensuite, on ne pourra jamais faire payer à ceux qui en sont les coupables les milliards qu'ils ont fait perdre à la société.

Les ménages américains ont été également entraînés dans ces jeux dangereux. Aux États-Unis, un dispositif très laxiste leur permet en effet d'accroître leur dette au fur et à mesure que la valeur de leur patrimoine immobilier augmente. Chaque hausse des prix immobiliers est l'occasion de recharger leur dette, à hauteur de la plus-value observée, et de dépenser davantage. Tout va bien tant que les prix augmentent. Mais, lorsqu'ils descendent, la crise devient inéluctable. Les ménages perdent leur capital, à savoir leur maison, et pour eux les conséquences sont tragiques. Cet enchaînement a manifesté l'expression d'un déséquilibre profond concernant la répartition de la richesse. Au cours des quinze années qui ont précédé la crise, la montée des inégalités américaines a été telle que le 1 % le plus riche s'est approprié les deux tiers de la croissance, laissant 99 % de la population se partager le tiers restant. Les classes moyennes et populaires américaines n'ont eu d'autres recours que l'endettement pour compenser la croissance défaillante de leur pouvoir d'achat.

Lorsque la crise éclate, au cours de l'été 2007, le président de la banque centrale américaine est sans doute la personne la mieux qualifiée pour être le titulaire du poste. Ben Bernanke est l'auteur de travaux universitaires qui ont contribué à établir de manière décisive la responsabilité des autorités monétaires américaines dans la crise des années 1930. Dès les débuts de la crise, au cours de l'été 2007, il n'a pas hésité à injecter des liquidités considérables dans l'économie, sauvant sans rechigner la banque d'investissement Bear Sterns, puis les grandes agences de refinancement hypothécaire Freddie

Mac et Fannie Mae. Même Bernanke, pourtant, a laissé commettre l'erreur qu'il dénonçait dans ses livres. En acceptant la mise en faillite de la banque Lehman, le lundi 15 septembre 2008, les autorités américaines ont déclenché l'explosion. À l'image du mardi noir en 1929, la faillite de Lehman est le véritable coup d'envoi de la crise. Tout le domino de la finance de marché est tombé, sous l'effet de la chute d'une seule pièce. Tout a été fait ensuite pour sauver les banques menacées. Des sommes considérables ont été mobilisées par le plan Paulson (700 milliards de dollars) pour éviter de nouvelles catastrophes, non sans attiser le sentiment populaire qu'on récompensait le vice passé des banquiers. L'éclatement de la bulle financière et immobilière a obligé l'État américain à reprendre à son compte la dette devenue insoutenable.

La crise européenne est en partie liée à la crise américaine, mais elle doit aussi et surtout au fait qu'elle a révélé de graves vices de fabrication de la zone euro. Dès lors que les États européens ont dû à leur tour prendre leur part du jeu « pile, je gagne ; face, tu perds », ils ont découvert un obstacle inédit : l'absence d'un « prêteur en dernier ressort », en l'occurrence d'une banque centrale susceptible de venir à leur secours face à la tempête qui s'est levée contre eux.

Au vu de la crise grecque, il semble que la faute en revienne aux États eux-mêmes, imprévoyants avant la crise et, à l'image de la cigale, démunis quand la bise fut venue. Les crises irlandaise et espagnole n'ont toutefois rien à voir avec celle des finances publiques. Elles révèlent le besoin de compléter la zone euro par des mécanismes de mutualisation et de contrôle européens des risques financiers. L'Irlande est, en effet, à l'opposé de la situation grecque. Ses finances publiques ont été irréprochables jusqu'à l'éclatement de la crise. La dette irlandaise est passée de 55 % du PIB lors de la création de l'euro à 25 % en 2007. Mais, porté en partie par la bulle immobilière, son système bancaire est devenu hypertrophié, le bilan de ses banques représentant 900 % du PIB… Lorsque la bulle a éclaté, le gouvernement, voulant éviter une panique à l'islandaise, a immédiatement donné sa garantie sur tous les dépôts bancaires et les dettes seniors des banques, nationalisant au passage les trois plus grosses. Il en a résulté une hausse extraordinaire de la dette irlandaise, s'élevant brutalement à 105 % du PIB fin 2011.

La reconnaissance (tardive) du besoin de compléter l'union monétaire par une union bancaire a fini par s'imposer. Placée sous l'autorité de la Banque centrale européenne, la réforme engagée aujourd'hui devrait permettre d'éviter « à l'avenir » les mécanismes engendrés en Espagne ou en Irlande. Elle devrait s'accompagner aussi d'un retour à l'esprit sinon à la lettre du Glass-Steagal Act, qui consiste à créer des coupe-feu entre les différents compartiments de la finance. Les grandes banques ont aujourd'hui des bilans totalement disproportionnés à la taille de l'économie, dépassant parfois 100 % du PIB. En cas de crise, l'État ne peut plus les sauver. Un mécanisme européen de mutualisation des pertes, doublé d'un contrôle plus rigoureux, est devenu inéluctable.

Concernant les États attaqués par les marchés, la question plus large est de comprendre pourquoi l'absence d'une banque centrale « amicale » a engendré une crise de confiance que les États-Unis ou l'Angleterre, par exemple, ont su éviter. Il est habituel de répondre que la banque centrale peut faire jouer la planche à billets, payant la dette en monnaie de singe grâce à l'inflation. Aucune dérive inflationniste ne s'observe toutefois au Royaume-Uni ou aux États-Unis aujourd'hui. Lorsque la BCE a annoncé son propre programme de rachat de dette souveraine, aucune hausse des anticipations d'inflation ne s'est manifestée sur les marchés. Car le rôle de la banque centrale est moins de payer la dette par l'inflation que d'éviter ce que les économistes appellent les équilibres autoréalisateurs, où la méfiance des marchés augmente les taux, qui accroissent les déficits et ont un effet boule de neige qui crée la crise de manière endogène.

À pas lents, une autre frontière a finalement été franchie en ce domaine aussi. Après avoir répété que les traités interdisaient une action de la banque centrale en faveur des États, la BCE a fini par annoncer un nouveau programme OMT (Outright Monetary Transactions). Sous réserve d'un accord avec le Mécanisme européen de stabilité (le MES), la banque centrale s'est engagée à acheter des quantités aussi importantes que nécessaire pour défendre la dette souveraine d'un pays menacé par des primes de risque trop élevées. Cette politique marque un changement radical de l'attitude de la BCE par rapport aux dettes souveraines. Le précédent programme d'intervention, le SMP (Securities Market Program), avait provoqué la démission du président de la Bundesbank, Axel Weber, puis celle du chef économiste, Jürgen Stark. Le mécanisme annoncé reste à mettre en œuvre, mais il a d'ores et déjà réduit la pression qui pesait sur l'Espagne et l'Italie.

Ce qui reste toutefois le plus problématique est la conduite de la politique budgétaire, pour purger les déficits. La menace est forte d'une autre spirale autoentretenue où la consolidation budgétaire réduirait la croissance, obligeant à accroître davantage la purge budgétaire pour compenser le manque à gagner induit par le ralentissement économique… Le chef économiste du Fonds monétaire international, le Français Olivier Blanchard, a mis en évidence des mécanismes « multiplicateurs » élevés. La bonne méthode serait de fixer à l'avance, pour disons les cinq prochaines années, une norme d'évolution des dépenses ainsi que le taux de fiscalité requis pour les financer, sous une hypothèse de croissance moyenne réaliste. En cas de mauvaise surprise concernant la croissance, il faudrait éviter de s'engager dans une course-poursuite destructrice. Ce qui est en jeu, en effet, n'est pas de savoir si le déficit sera un peu plus fort ou un peu plus faible une année donnée, mais d'assurer que les autorités soient crédibles dans la mise en œuvre du programme annoncé.

On en est là. L'avenir reste donc marqué d'une inconnue. Nul ne sait si le grand saut dans l'inconnu, qui va conduire la plupart des pays européens à mener en même temps une purge budgétaire, provoquera des enchaînements irrespirables pour l'économie et pour les peuples, ou s'il ne s'agira que d'une mauvaise passe, dont on verra le bout d'ici à un an. Si l'histoire et l'analyse économique servent de guide, le risque d'une crise prolongée est considérable. Mais on ne peut exclure que le personnel politique fasse preuve d'audace, d'inventivité, pour se hisser alors à la hauteur des temps, qu'il se conduise, en somme, en hommes d'État.

Liste des auteurs

Martin Aurell est professeur à l'université de Poitiers et membre de l'Institut universitaire de France.

Nicolas Baverez est historien et économiste.

Olivier Bouzy est directeur du Centre Jeanne-d'Arc.

Boris Bove est maître de conférences à l'université Paris-VIII.

Pascal Buresi est directeur de recherche au CNRS.

Damien Chaussende est sinologue, chercheur au CNRS, membre du Centre de recherche sur les civilisations de l'Asie orientale.

Daniel Cohen est professeur à l'École normale supérieure, vice-président de l'École d'Économie de Paris.

Fabrice d'Almeida est directeur littéraire aux éditions Fayard et professeur à l'université Paris-II. Il présente *La case du siècle* sur France 5.

Jean-Luc Domenach est spécialiste de la Chine.

David El Kenz est maître de conférences à l'université de Bourgogne.

Jean-Pierre Filiu est professeur des universités en histoire du Moyen-Orient contemporain à Sciences-Po (Paris), après avoir enseigné à Columbia (New York) et Georgetown (Washington).

Serge Gruzinski est directeur de recherche au CNRS et directeur d'études à l'EHESS.

Jean-Clément Martin est professeur émérite à l'université Paris-I-Panthéon-Sorbonne.

Pierre Milza est historien, spécialiste de l'Italie contemporaine.

Laurent Neumann est directeur de la rédaction de *Marianne*.

Jean-Robert Pitte est membre de l'Académie des sciences morales et politiques, président de la Société de géographie et de l'Académie du vin de France.

Anne Rasmussen est maître de conférences à l'université de Strasbourg.

Christelle Taraud est enseignante dans les programmes parisiens de Columbia, de NYU et de Vassar & Wesleyan College et membre du Centre d'histoire du XIXe siècle (Paris-I/Paris-IV).

Giusto Traina, historien, est professeur à l'université Paris-Sorbonne.

Nicolas Werth est directeur de recherche au CNRS et à l'Institut d'histoire du temps présent.

Cet ouvrage a été imprimé en France par
CPI Bussière
à Saint-Amand-Montrond (Cher)
en septembre 2013

Composition réalisée par PCA

27-01-0947-5/02

Dépôt légal : octobre 2013.
N° d'impression : 2005210.